나는 오늘도 손절을 생각한다

나는 오늘도 손절을 생각한다

서늘한여름밤 외 12명 지음

목차

서문	손절을 권하는 사회에서:	7
	우리가 서로에게 한 번 더 기회를 줄 수 있다면	

1장 바운더리:
나와 너의 건강한 경계 짓기

핵심 개념 이해하기 "바운더리"	12
만나서 반가워요! 여러분의 이야기가 궁금해요	15
우리 마음에도 울타리가 필요해요	31
여러분의 바운더리는 어떤 모습인가요?	44
제발, 이 선만은 넘지 말아줘!	51
바운더리를 지키는 나만의 방법	64
생활에 적용하기: 나의 바운더리를 지키는 방법	75

2장 공감:
경계를 넘어 만나는 타인의 마음

핵심 개념 이해하기 "공감"	78
공감, 잘하고 있는 걸까요?	82
당신에게 공감을 처방합니다	93
이 사람 혹시 싸이코패스 아니야?	99
우리 함께 공감의 시대를 열어요!	106
생활에 적용하기:	116
공감을 위한 적극적인 경청 방법 5단계	

3장　협력:
성숙한 관계를 만들어나가는 노력의 순간

핵심 개념 이해하기 "협력"	120
협력에 대한 여러분의 생각이 궁금해요	123
갈등 시뮬레이션: 위기에 빠진 회사 구하기!	128
사실 가족이 제일 어렵습니다	137
협력, 꼭 해야 하는 건가요?	143
내가 만난 타고난 갈등 해결사들	149
협력의 힘은 생각보다 놀랍습니다!	155
스트레치 협력, 조금 삐걱대도 괜찮아요	162
생활에 적용하기: 스트레치 협력 실천하기	173

4장　연결:
우리의 관계는 연결되어야 한다

핵심 개념 이해하기 "외로움"	176
우리는 얼마나 외로울까요?	179
외로움을 마주할 때 비로소 보이는 것들	191
외로움, 더 늦기 전에 이야기해야 합니다!	198
저는 이럴 때 연결감을 느껴요	203
연결하는 삶을 위해 무엇을 할 수 있을까요?	211
생활에 적용하기: 외로움에 대처하는 방법	229

서문

손절을 권하는 사회에서:
우리가 서로에게 한 번 더 기회를 줄 수 있다면

언제부터인가 SNS에 '손절해야 할 5가지 유형', '손절 잘하는 방법', '손절 기준 정해드림' 등 손절을 권하는 콘텐츠들이 많이 보이기 시작합니다. 내 한 몸 생존하기에도 벅찬 현대사회에서 인간관계에 쓸데없는 에너지를 쓰는 것보다 빠르게 정리하는 게 합리적인 선택일지도 모르겠습니다. 하지만 동시에 우리가 서로를 너무 빨리 포기해 버리는 게 아닌가 하는 쓸쓸함도 느껴집니다. 그래서 이 책에서 우리가 서로를 손절하지 않고 어떻게 지켜나갈 수 있는지 다뤄보고 싶었습니다.

우리는 '바운더리', '공감', '협력', '연결'이라는 네 가지 키워드에 대해 함께 이야기 나눴습니다. 이 책은 대화록 형식으로 진행됩니다. 한 사람의 의견이 아닌, 다양한 사람들의 목소리가 한데 어우러지는 책입니다. 모두가 같은 의견으로 이야기할 때도 있고, 같은 사안에 대해 서로 다른 관점을 가지기도 합니다. 누군가는 굉장히 공고한 바운더리를 가지고 관계를 맺고, 또 누군가는 아주 넓은 바운더리로 살아가기도 합니다. 어떤 사람은 공감을 너무 잘해서 힘들고, 또 누구는 공감을 잘 못해서 어려움을 겪기도 합니다. 모임에서 함께 읽은 책을 좋아하는 사람도 있고, 아닌 사람도 등장합니다. 다양한 의견 중 자신과 비슷한 의견을 만나며 느끼는 공감과 위로도, 자신과 다른 의견을 만나며 느끼는 신선함도 모두 즐기실 수 있기를 바랍니다.

우리의 대화를 따라가시다 보면 우리가 서로를 포기하지 않고 대화했다는 것을 느끼실 수도 있겠습니다. 우리의 대화는 하나의 방향으로 귀결되지 않지만, 그럼에도 불구하고 각자의 여정을 함께하는 즐거운 동행이었습니다. 우리는 각자의 경계를 존중하려 노력했고, 서로 다른 의견에 공감하려고 했으며, 하나의 책을 만들기 위해 협력했고, 그 과정에서 연결감을 느낄 수 있었습니다. 그래서 이 책은 결과가 아닌 과정이 중요한 책이 되었습니다. 어쩌면 좋은 관계란 결과가 아닌 과정일지도 모릅니다.

이제 우리의 대화에 당신을 초대합니다. 여기서 당신이 안전하게 당신의 마음을 풀어놓을 수 있으면 좋겠습니다. 마음이 통하는 친구와 기분 좋은 수다를 떠는 시간이기를 바랍니다. 어떤 의견이 마음에 들지 않더라도, 그 의견을 낸 사람을 이해해 볼 수 있는 시간기를 바랍니다. 어쩌면 당신이 손절하고 싶었던 사람과 비슷한 사람을 여기서 발견하게 될 수도 있습니다. 이 대화에 참여하는 동안 당신이 그 사람을 이해해 볼 기회가 있으면 좋겠습니다. 그래서 우리가 서로에게 한 번 더 기회를 줄 수 있기를 바랍니다. 손절은 어렵지만 동시에 쉬운 선택이기도 합니다. 저는 우리가 어려운 길을 함께 갈 수 있었으면 좋겠습니다. 함께라면 갈 수 있을지도 모릅니다.

2024년 9월
서늘한여름밤

일러두기

1. 본문은 메디치미디어의 브랜드 '중림서재'에서 심리코치 서늘한여름 밤과 '연결하는 삶'이라는 제목으로 진행한 모임의 대화록을 토대로 만들어졌습니다.
2. 각 장 시작 부분과 본문 대화록 중간중간 삽입된 이미지는 모두 서늘한여름밤 작가가 그렸습니다.

1장

바운더리:
나와 너의 건강한 경계 짓기

함께 읽은 책
《나는 내가 먼저입니다》
네드라 글로버 타와브 지음, 신혜연 옮김, 매일경제신문사

핵심 개념 이해하기

바운더리

안전하고 편안한 인간관계를 위해 필요한 기대와 요구를 의미하는 개념. 바운더리란 나와 타인의 관계를 구분 짓는 경계이자 소통의 창구이며, 내가 허용하는 것을 명확하게 하는 역할을 한다. 또한 바운더리는 관계 설정에 있어서 허용하는 행동과 허용되지 않는 행동을 구분하는 보이지 않는 선을 말하며, 유동적이고 끊임없이 변화한다는 특징이 있다. 다만 바운더리는 아직까지 심리학에서 학문의 영역으로 다뤄지진 않는다.

바운더리의 이점

적절한 바운더리 설정은 능력 이상의 과도한 일을 하지 않게 해주는 안전장치로 자기돌봄을 가능하게 한다. 바운더리는 관계 내에서 용인할 수 있는 행동과 용인할 수 없는 행동을 구분함으로써 우리가 관계 내에서 어디까지 기대할 수 있는지, 또 상대방에게 무엇을 요구할지를 알 수 있게 해준다.

바운더리 유형 이해하기

① 너무 공고한 바운더리: 인간관계에 벽을 치고 상처받을 상황을 의식적으로 피한다.
② 너무 느슨한 바운더리: 타인에게 지나치게 의존하고 밀착한다. 거절을 못 하며, 거부당하는 것을 두려워한다.

③ 건강한 바운더리: 자신의 가치관과 권리를 안다. 신뢰할 줄도 거절할 줄도 안다.

자아분화와 바운더리

안정적 자아분화란 "나(아이)와 너(양육자)가 '우리'로 연결된 채로 나뉘는 것을 말한다."(문요한,《관계를 읽는 시간》, 더퀘스트, 112p)

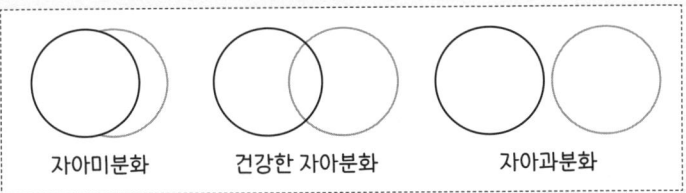

*이미지 출처 문요한,《관계를 읽는 시간》, 더퀘스트, 114p

① 회피애착 → 너무 공고한 바운더리
보호자와의 애착 욕구에서 좌절을 반복적으로 경험하는 경우에 형성된다. 경직된 바운더리는 심리적 단절을 시도하고 타인과 연결하는 능력에 문제가 생기며, 자신의 바운더리에 갇혀 소통과 정서적 교류가 어려운 경우가 많다. 참고로 "이들의 주된 감정은 '분노'"이다. 인간관계 또한 "냉담 또는 대결"로 받아들이며, 맺게 된다. (문요한,《관계를 읽는 시간》, 더퀘스트, 114-115p)

② 불안정 애착 → 허술한 바운더리
보호자와 안정적인 애착이 형성되지 않은 경우에 생긴다. 관계 중심적이며 연결감을 넘어 일체감을 바라는 경우가 많다. 상대의 감정, 생각, 욕구에 쉽게 휩쓸리는 편이며 거절과 자기주장을 어려워하며, 주로 불안의 감정으로 표출된다.

③ 안정 애착 → 건강한 바운더리
보호자와의 적절한 애착을 통해 형성된다. 나와 너의 경계를 구분하면서도 상호 교류가 가능하다. 또한 건강한 바운더리 유형은 부드럽게 거절과 주장을 할 수 있으며, 타인과 인지적, 정서적 공감이 가능하다.

다양한 바운더리 종류
① 신체적 바운더리: 개인 공간과 신체 접촉에 대한 권리
② 섹슈얼 바운더리: 내 신체에 대한 권리
③ 지적 바운더리: 자신이 원하는 것에 대해 아이디어를 내고, 원치 않는 주제에 대해 말하지 않을 권리
④ 감정적 바운더리: 나의 감정을 얼마나 나눌 것인지에 대한 권리
⑤ 물질적 바운더리: 나의 소유물에 대한 권리
⑥ 시간적 바운더리: 시간을 어떻게 관리할 것인지에 대한 권리

바운더리의 한계
바운더리 개념은 독립성에 대한 과도한 강조로 인해 사람들 간의 연결을 저해한다는 비판을 받는다. 바운더리는 사람들 간의 권력 관계를 상정하지 않는다. 대신 바운더리를 침해하거나 침범받는 것과 관련하여 관계 내에서 피해자와 가해자를 상정하게 된다는 문제점이 있다. 또한 바운더리가 모든 관계의 해결책이 될 수 있다는 환상도 주의해야 한다.

> 만나서 반가워요! 여러분의 이야기가 궁금해요

서밤   안녕하세요. 모임 진행을 맡은 서늘한여름밤입니다. 오늘 편집자님이 잘 설명해 주셨지만 그래도 모임 시작하기 전에 우리 모임의 규칙을 설명하고 넘어가면 좋을 것 같아요. 이번 세션이 관계에 대해서 이야기하는 세션이다 보니 아마 좀 개인적인 이야기들도 많이 나오게 될 것 같은데, 말하고 싶은 만큼만 이야기를 나누면 됩니다. 어떤 분이 자신의 깊은 이야기를 꺼내 놨다고 '나도 저 정도로 얘기해야 되나?'라는 압박감을 느끼지 말고 편한 만큼만, 믿는 만큼만 이야기를 나누시면 되고요. 상대방의 의견은 나와 다를 수 있어요.

오늘 바운더리에 대해서 얘기할 텐데, 누구는 되게 경직된 바운더리를 갖고 있고 누구는 허술한 바운더리를 갖고 있을 수 있죠. 그래서 "너 때문에 내가 상처받은 거야"라고 이제 투사를 하실 수 있는데, 존중하는 연습을 해보셨으면 좋겠어요. 다양한 분들이 모였으니만큼 혐오와 편견을 드러내지 않는 연습도 했으면 좋겠고요. 틀린 의견은 없어요. '이게 이제 녹음이 된다고? 이 내용이 다 책으로 된다고? 나 무슨 얘기를 해야 되지? 나 입은 뗄 수 있나?' 이렇게 생각하시는 분들도 있을 텐데 우리가 아무 말이나 막 해대도 이제 편집자분들이 찰떡같이 편집해 주실 거라고 믿고 우리는 일단 편안하게 이야기하는 연습부터 해보면 좋을 것 같아요.

제가 여기 오기 전에 계산을 해봤거든요. 우리 모임이 3시간에서 3시간 반이에요. 참가자가 저 포함 13명이잖아요. 각자 20분 이상 말을 하셔야 됩니다. 그래서 너무 독점하는 것도 좀 지양해야 되지만 그렇다고 내 의견이 있는데 '나는 문장을 조리 있게 말하지 못할 것 같은데, 종결어미를 뭘로 끝내야 될지 모르겠는데' 같은 사소한 걱정들 때문에 말씀을 못 하실 필요는 없습니다. 우리는 편집자님과 공동 작업을 하는 것이기 때문에 어느 정도 믿고 가는 부분이 있어도 될 것 같습니다.

저는 여러분들의 자기소개를 다 봤지만 여러분들끼리는 서로가 어떤 분들인지 모르잖아요. 그래서 일단 자기소개를 하고 시작을 해보도록 할게요. 자기소개에는 나를 설명할 3~4가지 키워드들, 그리고 어떤 기대로 이 모임에 오셨는지 이야기하면 될 것 같습니다. 여기서 불리고 싶은 이름이나 닉네임도 말씀해 주세요.

최새봄 저는 항상 본명으로 활동을 많이 해 가지고요, 새봄이고요. 한글 이름이에요. 예상 가능하듯이, 봄에 태어나서 새봄입니다. 기억하기 쉬워서 저는 특별한 닉네임은 안 쓰고 그냥 본명으로만 하고 있어요. 그리고 저를 소개하기 위해 떠오르는 거는 우선은 전 글을 쓰고, 그림을 그리고, 또 사람을 만나는 일을 해요. 그래서 저를 3~4가지 키워드로 소개한다면 글, 사람 그리고 삶, 여기에 뭐랄까, 전 제 자신에 대해서도 관심이 많아서 "나"까지 넣어도 좋을 것 같아요.

그리고 이 모임은 서밤 님 인스타를 계속 팔로우하고 있어서 우연히 서밤 님 인스타를 보고 신청했어요. 저는 에세이를 써서 책도 출간했어요. 혼자 쓰는 거는 익숙한데, 함께 글을 쓴다는 게 되게 신선하기도 했고 한번 해보고 싶었어요. 그리고 사실은 모임장님이 제가 원래 관심 있던 분이었기 때문에 온 것도 있고요. 함께 뭔가 얘기해 보면 재밌을 것 같아서 오게 되었습니다. 반갑습니다.

서밤 네, 반갑습니다. 특별한 모임이잖아요. 잘 지내면 좋을 것 같습니다. 반가워요, 새봄 님.

오알록 저를 키워드로 언급하자면 부산사람, 그림책 작가 두 가지인데요. 이 두 가지로 저를 이야기해 볼게요. 부산에서부터 오면서 계속 말을 안 하고 왔었기 때문에 목이 잠겼네요. 먼저 저는 오알록이라는 예명으로 블로그를 운영하면서 꾸준히 글을 쓰고 있어요. 상담심리 관련 전공자로서 서밤 님에게는 은근히 내적 친밀감이 있었고, 그러던 중에 블로그를 통해 중림서재에 대한 공지를 보고 신청을 하게 됐어요. 저는 올해 초에 《고운 마음》이라는 그림책을 출간했어요. POD(Print On Demand) 도서로 독자분들을 많이 만나지는 못했지만, 그림책을 만드는 과정을 블로그에 공유했더니 사람들이 반응해주시는 거예요. 그때부터 '블로그를 좀 더 열심히 해볼까?' 하는 생각도 들고, 약간 글을 좀 더 열심히 써보고 싶다는 생각도 들면서 정식으로 책을 내고 싶다는 생각을 했어요. 그리고 책을 내는 것도 혼자 하는 게 아닌 여러 사람들과 함께 쓰면 좋겠다는 생각이 들었어요. 블로그를 통해 소통할 수 있는 기회는 늘 었었지만, 글을 업로드하기까지의 과정이 혼자 하는 거니까 외롭기도 하고요. 동질감이라든가 묶여 있다는 연대의 느낌을 컴퓨터 화면 밖에서, 좀 더 가까이서 느끼고 싶어서 여기까지 오게 되었습니다.

이정화　안녕하세요. 저는 이정화라고 하고요. 임상심리 전문가로 일을 하고 있습니다. 저는 사람에 관련된 일을 하고 있는데 남들이 왜 이 일을 하느냐고 물으면 저는 '글쎄, 내가 왜 이 일을 하지? 그냥 담임선생님이 신경학과 들어가라고 해서 하는 것 같은데'라고 단순히 생각을 해봤는데요. 좀 더 생각해 보면 저는 워낙 사람을 좋아하는 사람인 것 같아요. 단순히 외향적이고 사람 만나는 게 좋고 그런 게 아니고, 제 내면 탐색을 좋아하는 만큼 다른 사람들의 마음을 느껴보는 걸 좋아해서 이 일을 하게 되지 않았나 싶어요. 그래서 저를 나타내는 키워드를 말한다면 저는 뭔가 내면에 대한 성찰 그리고 사랑? 이렇게 표현할 수 있을 것 같아요. 트위터 같은 데서도 저는 저의 내면에 대해서 이야기하는 것을 엄청 좋아했어요. 그래서 그런 생각이나 활동들을 기록으로 남겨보는 것도 좋겠다는 생각이 들더라고요. 근데 저만의 내면을 남기는 것보다는 다른 사람들과 같이 소통을 하면서 기록을 남기는 게 더 의미가 있을 것 같다는 생각이 들어서 이 모임에 참여하게 되었습니다.

홍의미 저는 홍의미고요. 저도 그냥 이름으로 편하게 불러주시면 될 것 같아요. 저도 서밤 님의 인스타를 자주 봐요. 30대이고 대학원생이다 보니까 굉장히 공감이 되는 이야기들이 너무 많아서 그걸 보면서 같이 힘을 내기도 하고 뭔가 동질감을 느끼기도 했고요. 그런데 마침 이런 프로그램을 보고 '아니. 이런 스타를 볼 수 있는 자리가 있고, 이렇게 관계에 대해 진지하게 이야기를 나눌 수 있는 자리가 있다니!'라는 생각이 들어서 주저 없이 신청을 했어요.

저를 설명하는 키워드, 아까 공유해 주셨지만 너무 어렵더라고요. 생각을 해봤는데 저도 사람을 되게 좋아하고요. 공부를 하고 있기도 하고요. 그리고 꾸준히는 아니지만 브런치에 글을 쓰긴 해요. 쉰 지 오래 되긴 했지만 글을 쓰는 걸 되게 좋아하고요. 어쨌든 공부를 해서 논문을 쓰는 과정도 글을 쓰는 과정이잖아요. 그래서 앞으로 평생 글을 써야겠다는 생각을 하고 있거든요. 그래서 제 키워드는 이렇게 얘기하면 될 것 같아요. 사실, 관계라는 게 늘 어렵잖아요. 제가 사회생활을 하다가 더 늦기 전에 공부를 해야겠다 해서 대학원에 갔는데, 대학원에 가니 거기에 또 다른 새로운 관계가 있어요. 그런 관계들 속에서 이제는 '안 할 수 있어. 난 이제 공부만 했으니까 관계에 대해서 괴롭지 않을 수 있어' 이렇게 할 수 있는 게 아니거든요. 엄마를 봐도 친구랑 계속 관계에 대해서 고민하고 아빠를 봐도 고민하고 그러니까 평생 관계에 대해 고민을 할 것 같은 생각이 드는 거예요. '그럼 어떻게 하면 슬기롭게 대처를 할 수 있을까?', '건강한 관계를 유지하는 방법을 어떻게 찾을 수 있을까?' 이런 고민을 하면서 다양한 이야기들을 들을 수 있을 것 같아서 신청을 하게 되었습니다. 잘 부탁드립니다.

차주원 안녕하세요. 저는 차주원이라고 하고요. 닉네임은 차차라고 해주셔도 되고 아니면 그냥 차주원이라고 불러 주셔도 상관없습니다.

저는 먼저 키워드부터 말씀을 드리면 한국어 교육, 태국, 대학원생, 이렇게 말할 수 있을 것 같아요. 학부 때 경제학과 한국어 교육을 전공했고, 학부를 졸업하고는 코로나가 한창이던 때 태국 공립학교에 파견을 나가서 한국어 선생님으로 근무를 했었어요. 그때 조금 여러모로 현타도 오고 부족함도 많이 느꼈어요. 그래서 이대로는 안 되겠다 해서 코로나가 거의 끝나가던 2022년 초에 대학원에 입학을 했고 지금은 한국어 교육 전공으로 공부를 하고 있습니다.

사실 다음 학기가 논문 학기라서, 이걸 신청하면서도 제가 할 수 있을지 걱정은 조금 됐어요. 그럼에도 신청을 한 이유는 우선 저도 서밤 님 인스타툰을 먼저 접했어요. 심리 관련해서 제가 관심이 많았거든요. 인스타툰이 공감도 많이 되고 또 내용을 통해서 도움도 받았어요. 그러다 최근에 인스타에 대학원생 릴스를 올리셨잖아요. 그걸 보고 또 공감이 너무 많이 되더라고요. 마침 이런 기회가 있다고 해서 서밤 님도 만나 뵙고 싶었어요. 또 인간관계라는 키워드가 마음에 들었던 게 사실 제가 일상생활에서 겪는 고민, 걱정, 문제들의 대부분이 인간관계에서 온다는 생각을 많이 했거든요. 그래서 그런 것에 관해 같이 이야기를 나눠볼 수 있는 자리라는 점, 그리고 이 이야기가 책으로도 나온다는 점에서 매력이 있어 신청했어요. 감사합니다. 잘 부탁드려요. 잘 부탁드려요.

이혜진 저는 이혜진이고요. 저를 소개하는 키워드로 주간지, 산업, 취재 이렇게 생각을 했었는데 좀 차별화를 해야 하나 싶네요. 어떤 기대를 하고 왔냐 하면, 사실 돈을 내서라도 이런 모임에 참여하면 일단 돈 아깝다는 생각 때문에라도 참여하면서 일과 삶의 균형을 찾을 수 있지 않을까? 그래서 온 것도 있고요. 또 하나는 저에 대한 얘기를 하면서 약간 대안 치료의 효과도 있지 않을까 했어요. 여기 심리학 전공인 분들 계시잖아요. 그리고 여러분들께서 작가님에 대해서 팬심을 드러내신 것 같은데, 사실 이렇게 유명하고 대단한 분인지 모르고 왔거든요. (웃음) 페이스북에 우연히 광고 떠 가지고 클릭해서 온 건데. 그래서 이 모임에 무게감을 좀 많이 느끼고 있습니다.

배현정 안녕하세요, 이름은 배현정이고요. 필명으로 블로그, 인스타그램에서는 배자몽이라는 이름을 많이 써요. 특별한 이유는 없습니다. 그냥 자몽 좋아해서 그렇게 쓰고 있어요. 저를 소개하는 3~4가지 키워드에 관해서 그저께 똑같은 글을 하나 쓴 적이 있어요. 이직 준비하는 단계에서 새 회사로 다다음 주에 출근을 하는데, 그 회사에서 자신을 몇 개의 키워드로 설명해 달라고 하더라고요.

　하나는 언어에 집착하는 사람인 것 같아요. 언어 전문가는 아니지만 가장 즐거운 게 결국 다 언어랑 결부가 되어 있더라고요. 책을 보는 것도 그렇고 쓰는 것도 외국어를 배우는 것도 즐겁고요. 그리고 사람마다 생각의 메커니즘이 다 다르잖아요. 그게 언어로 형상화가 되는 사람이 있고, 아니면 그림으로 기억하는 사람도 있지요. 저는 배우자를 만날 때까지 몰랐어요. 당연히 언어로 사고하는 거라고 생각했는데 그게 아니더라고요. 그래서 저 스스로를 언어적 인간이라고 생각을 합니다.

　두 번째는 저의 직업에 관한 건데요. 저는 기자를 좀 오래 했었어요. 지금은 아니지만요. 물론 요즘도 커뮤니케이션 PR 마케팅 쪽 일을 하고 있어서 연관이 어느 정도는 있습니다. 제가 에세이 냈던 다른 모임에서는 출간을 할 때까지도 제가 기자였다는 말을 안 했어요. 너무 선입견이 될 것 같아서요. 그래서 저도 어차피 초보 작가라 그때는 얘기를 안 했는데, 여기선 기자를 오래 했다고 밝히겠습니다.

　그리고 서밤 님 SNS 계정 팔로우를 오래 했거든요. 근데 저는 지금도 기억에 남는 게 진짜 옛날에 서밤 님이 블로그에서 저를 한 번 언급하신 적이 있었어요. 지금처럼 블로그 막 활발하게 하진 않았었는데요.

서밤   미쳤다, 미쳤다!

배현정   처음엔 몰랐는데 한참 후에 알았어요. 제 남편이 제 필명을 검색하다가 "이 분 알아? 블로그에서 당신 언급했는데?" 이런 적이 있었거든요. 그래서 서밤 님과는 내적 친밀감이 있어요.

서밤   진짜 대박이네요. 제가 20대 때 닮고 싶은 멋진 언니들의 블로그를 막 이렇게 보고 그랬거든요. 현정 님이 그중에 한 분이셨어요.

배현정   그때 그냥 돈 쓴 얘기들 올린 건데. (웃음)

서밤   그래서 '나도 저런 어른이 되고 싶다' 그리고 제가 30대가 됐을 때도 '나도 그런 멋진 취향을 가진 어른이 되고 있나?'라고 종종 생각하곤 했는데 이렇게 뵙게 되어서 너무 반갑습니다. 진짜 너무 신기하네요. 너무 잘 오셨어요.

배현정   오길 잘한 것 같아요. 지금 앞에서 설명하시는데 너무 신나고 재밌어요. 가슴이 두근두근하네요.

손주연   저는 손주연이라고 하고요. 저에 대해서 키워드로 몇 가지 소개해 드리면 첫 번째로 '주도적인 사람'이라는 단어인 것 같아요. 왜냐하면 저는 제가 선택한 일을 할 때 가장 행복한 사람이더라고요. 그래서 과거에도 그랬고 현재도 그랬고 앞으로도 선택지를 많이 늘리고 싶어요. 그것을 통해 더 몰입하는 삶을 살고 싶기도 하고요.

두 번째 키워드는 기획자인데요. 제가 회사생활을 한 5년 정도 했는데, 이직도 몇 번 하고 업무도 바뀌다가 직무가 좋아서 정착한 게 기획 쪽이더라고요. 기획이라는 직무가 제가 성과도 내고 매번 다르게 일을 할 수 있어서 저랑 잘 맞는다는 생각이 들어요. 그렇게 기존 회사를 3년 정도 다니다가 이제 11월 1일부터 새로운 회사로 이직 예정입니다.

배현정 반가워요. 저도 11월 1일부터 새 회사 나가요.

손주연 타이밍이 딱 맞네요. 그래서 지금 이렇게 쉬면서 새로운 회사로 들어갈 준비를 하고 있는 단계예요. 그리고 저를 설명하는 세 번째 키워드는 대화예요. 제가 다른 사람보다 대화하는 걸 훨씬 더 좋아하는 것 같거든요. 그래서 대학생 때는 사람들끼리 대화하는 게 즐거워서 혼자 지내는 선배나 후배들을 이어주려고 동아리도 만들었어요. 처음에는 제가 아는 선후배 다 모아서 7명으로 시작했는데 이게 대박이 나서 나중에는 60명 정도 모이고 교수님까지 참여하는 행사로 커졌어요. 모임이 끝나면 사람들이 좋았다고 긍정적인 피드백을 해줬고요. 또 어디 혼자 여행을 가서도 평소에는 한 적 없는 이야기를 모르는 사람과 나누는 게 정말 즐거워요. 대화를 정말 좋아하고, 그것에서 큰 의미를 느껴요.

마지막 키워드는 심리학이에요. 제가 심리학에 관심이 많아서 전공도 원래는 심리학을 하려고 했었거든요. 물론 결국엔 부전공으로 심리학을 했지만요. 부전공으로 배운 심리학이 진짜 재밌었어요. 이 사람의 어떤 생각이 이런 행동을 낳는지를 이렇게 체계적으로 분석해 놓은 연구가 멋있는 거예요. 그렇지만 심리학을 전공해서 연구하기보다는, 연구가 돼서 나온 결과물을 응용하고 싶은 마음이 더 컸어요. 그래서 차라리 심리학 연구 자체보다는 코칭이 조금 더 잘 맞을 수 있겠다는 생각을 해본 적이 있어요. 이렇게 키워드로 저를 설명해 봤습니다.

사실 저는 나중에는 창작자로서 삶을 살아보고 싶다는 생각을 해요. 지금 기획자로서 회사에서 하는 일은 회사가 원하는 걸 하는 거잖아요. 그렇지만 회사를 평생 다니지도 못할 거고, 그러면 내 스스로 새로운 걸 만들어 내야 되는데, 그 시작을 심리학에 관심이 많은 분들과 함께했으면 좋겠다는 생각이 들었어요. 지금은 그 첫발을 내딛는 순간인 것 같아요.

이미리내 안녕하세요, 저는 이미리내라고 합니다. 저에 대한 키워드 첫 번째는 빛이에요. 제 이름이 미리내인데 순우리말로 은하수라는 뜻이에요. 어렸을 때부터 가족들끼리 별을 보러 자주 갔었는데요. 별을 올려다 볼 때면 아름답단 생각을 넘어서 동경하는 마음이 들더라고요.

    두 번째 키워드는 자연이에요. 자연이 있는 장소에 있으면 행복하거든요. 가장 좋아하는 곳은 사막일 정도로 말이죠. 그리고 자연스러운 성격과 삶을 추구해서 이 단어를 꼽았어요. 저는 꾸밈없는 모습 그대로 빛나는 사람이고 싶거든요.

    마지막 키워드는 발굴입니다. 제 취미 중 하나가 전시를 보는 거예요. 작품을 보면 자신만의 인상이 남잖아요? 작가의 의도와 가치관을 추측하는 과정이 작품을 파헤친다는 느낌이 들었어요. 그렇게 찾은 저만의 해석은 꼭 발굴물 같고요.

    제가 이 모임을 신청한 계기는 책에 대해 이야길 나누는 과정에서 저의 새로운 모습을 발견하고 싶어서예요. 매일 똑같은 하루를 보내는 삶에 변화를 주고 싶더라고요. 그래서 요즘은 여러 가지 공부도 하고, 다양한 사람들을 만나며 노력 중이에요. 이 모임도 그 도전 중 하나입니다. 잘 부탁드려요.

서밤   어떤 일 하시는지도 궁금해요.

이미리내   저는 예전에 보건소에서 영양사로 일을 했어요. 그러다 좀 더 열정적으로 일할 수 있는 분야를 찾고자 관뒀고요. 미술 관련 직업을 가지고 싶어서 도슨트를 공부하고 있습니다.

서밤   잘 오셨어요. 왜냐면 아까 얘기하실 때 예술이나 이런 쪽 너무 잘 어울려서 그쪽 일 하시나 했거든요.

이미리내　준비하고 있어요. 감사합니다.

김혜진　안녕하세요. 김혜진이라고 합니다. 반갑습니다. 저를 소개하는 키워드 첫 번째는 크리에이터예요. 재미있고 새롭고 창의적인 것들이 저를 구성하고 있는 기질 중에 하나인 것 같아요. 저는 하고 싶은 걸 찾을 때 힘들이지 않고 자연스러운 것이 무엇일지를 고민해요. 새롭고 또 남들과 다른 무언가를 상상하면서요. 저의 첫 번째 직업은 카피라이터였어요. 크리에이터로서 만족스러운 사회생활을 했고 행복했어요.

　두 번째 저의 키워드는 표현인데요. 저도 주연 님처럼 표현하는 걸 좋아해요. 글로 표현된 것을 읽기 좋아해서 저와 비슷한 취향을 가진 분들이 모인 이 자리가 기대됩니다.

　세 번째 키워드는 성장입니다. 함께하는 성장을 좋아해요. 같은 목표를 향해서 함께 가는 것이 저를 행복하게 하거든요. 저의 현재 직업은 심리 상담사인데요. 저와 내담자 혹은 저와 동료들이 같이 성장하는 과정에서 큰 의미를 느껴요.

　이 자리가 서로 다른 사람들이 만나서 글로 표현된 작품들을 읽고, 생각과 마음을 나눌 수 있는 자리라고 생각하니 너무 매력적으로 느껴졌어요. 우리 함께 성장하는 시간들이 기대 됩니다. 만나서 반갑습니다.

김형준　저는 김형준이고요. 저도 다양한 사람들의 이야기를 듣는 걸 좋아해요. 어렸을 때는 제가 고집도 세고 남의 말 잘 안 들으면서 자기 세계에 갇혀 있는 사람이었거든요. 그렇지만 여러 문화권을 옮겨 다니는 생활을 하고 다양한 사람들을 만나면서 제가 살고 있던 세계가 전부가 아니라는 걸 깨닫게 됐어요. 그래서 다양한 삶의 모습이 멋있다는 생각이 들어서, 저를 소개하는 첫 번째 키워드를 삶으로 꼽았습니다.

두 번째 키워드는 사랑이에요. 제 얘기가 선입견을 갖게 할까 봐 한편으로 조금 우려스럽기도 한데, 저는 기독교인이에요. 그래서 인생을 살아가는 데 있어서 사랑이 저한테 중요한 키워드거든요. 그런데 참 사랑하기 어려운 게 제 주변에 가까이 있는 사람들인 것 같더라고요. 제가 지금 대학교 4학년인데 되게 일도 많고 좀 바쁘게 살고 있어요. 그러다 보니까 '챙기지 못하는 사람들도 많고 시간적인 여유도 없는데 내가 어떻게 사랑을 할 수 있을까?' 결국 상담사로서 나중에 일을 한다 해도 정말 위하는 마음으로, 사랑하는 마음으로 가야 될 텐데, '사랑한다는 게 뭘까?'라는 게 항상 제 인생의 고민이에요.

그리고 사실 저는 예전에는 좀 제 잘난 맛에 살았던 사람이거든요. 근데 그런 것들이 하나씩 깨지면서 사람들이 다양할 수 있고, 그 다양함 속에 각각의 고유한 가치들이 있다는 걸 깨닫게 됐어요. 그래서 지금 있는 제 모습도 하나의 결과가 아닌 어떤 과정이겠다는 생각이 들어요. 그래서 어떤 사람이 제 마음에 들지 않아도 이 사람이 가지고 있는 어떤 과정이나 맥락 그리고 가능성이 있겠다는 생각을 하면서 그런 상대를 이해해보고 싶은 마음이 커지게 됐어요.

그래서 이번 모임에서도 다양한 분들의 이야기를 들어보고 싶어요. 제가 아무래도 상담학과다 보니까 이쪽 분야에 있는 사람들과는 많은 대화를 나누지만, 다른 분야에 계신 분들하고는 자주 교류를 하진 못하거든요. 그래서 다른 분야에 있는 사람들에게는 심리학이나 상담학 같은 주제들이 어떻게 다가올지 궁금해요. 이 과정이 유익하고 가치 있겠다는 생각이 들어서 참여하게 됐어요.

민수경 제 이름은 민수경이고요. 독서 모임은 사실 처음이에요. 제가 지금 퇴사하고 쉬는 시간이 많아져서 책을 보는 시간이 많거든요. 그래서 같이 읽고 얘기해 보고 싶다는 마음이 생겨서 신청하게 되었고요. 일을 쉬면서 저의 지난 회사생활과 관계에 대해 돌아보는 시간이 많았어요. 그래서 저의 관계나 일에 대해서 한 번 더 생각해 볼 수 있는 계기가 될 수 있겠다 해서 신청했습니다.

저를 소개할 키워드를 말해 보면 일단 저는 성장을 꼽았는데요. 제가 생각하는 성장은 저의 내적인 성숙도 있고, 하고 싶은 일을 찾아서 돈을 벌고 먹고 살 수 있는 그런 루트를 만드는 경제적인 의미의 성장도 있어요. 요즘 제가 성장에 관심이 많아 성장을 꼽아보았습니다.

그리고 두 번째 키워드는 자연이에요. 저는 자연을 보면서 멍 때릴 때 가장 마음이 편해지고 에너지가 차는 느낌이 들거든요. 최근에는 아이슬란드에도 갔다 왔어요. 너무 편안하고 좋아서 한국에 돌아와서 적응하는 게 힘들더라고요.

그리고 세 번째는 자유인데요. 저는 9 to 6로 회사생활하는 것처럼 무언가에 얽매인다는 느낌이 들면 답답하더라고요. 그래서 제가 하고 싶은 일을 주체적으로 할 수 있도록 능력을 키우고 싶어서 자유를 골랐습니다.

그리고 저는 심리상담을 전공했어요. 석사까지 상담을 하다가 이제 상담을 하는 것도 조금 얽매인다는 느낌을 받았어요. 지금은 조금 더 많은 경험을 하고 싶다는 생각이 더 커졌어요. 그래서 연구실에서 연구원 생활도 해보고, 회사에서 마음관리 어플 만드는 기획 일도 했고요. 지금은 번아웃이 와서 몇 개월 전에 퇴사를 하고 쉬고 있는 중이에요. 그래서 다방면으로 많은 생각을 하는 과정에 있습니다.

서밤 저는 서늘한여름밤이고요. 저를 알고 계신 분들이 대다수겠지만 모르고 계신 분도 있기 때문에 짧게 소개를 하겠습니다. 저는 코칭심리학 전공 박사 과정을 수료했고, 석사과정에서는 임상상담심리학을 공부했습니다. 심리학의 언저리에서 계속 다양한 공부를 하고 있고요. 현재는 9년 차 창작자예요. 그림일기도 그리고 요새는 유튜브랑 릴스도 찍고 있고요. 그래서 저를 소개하는 대표적인 키워드 두 개는 심리학자와 창작자라는 저의 직업적 정체성입니다.

마지막 키워드는, 저 되게 유쾌한 사람이거든요. 티가 날지 모르겠지만 이 모임 안에서 아무튼 유쾌한 사람이다, 이렇게 여러분 마음속에 간직해 주셨으면 좋겠습니다. 이 모임에서 저도 다른 참석자분들을 보면서 되게 부러웠던 게 음악이나 미술이나 이런 분들은 콜라보를 되게 많이 하세요. 음악, 미술 이렇게 분야를 넘어서 같이 하기도 하고, 자기들 작업 하시는 분들끼리 콜라보를 하기도 하고요. 근데 아까 말씀하셨다시피 글을 쓰는 작업은 보통 혼자 하는 경우가 많잖아요. 근데 이렇게 같이 글을 써볼 수도 있구나, 라는 생각에 정말 설렜던 것 같아요. 그래서 같이 좋은 책을 만들게 되면 좋겠고요. 여러분들 다 만나서 너무나 반갑습니다.

우리 마음에도 울타리가 필요해요

서밤 이야기를 더 나누기 전에 제가 왜 이 순서로 책을 선정했는지 이야기해 드리려고 해요. 저희가 뒤에 나올 세 권의 책들은 '공감' → '협력' → '연결'이라는 키워드로 계속해서 이야기를 해볼 거예요. 그 전에 '관계'에서 가장 중요한 게 일단 우리의 바운더리가 건강하게 서 있어야 연결이 되고 공감을 하는 일이 가능하다고 생각해서 저는 바운더리에 대한 책을 제일 먼저 선정해 봤어요.

오늘 모임의 책은 《나는 내가 먼저입니다》라는 책으로, 바운더리에 관한 책이에요. 바운더리란 피부와 같은 거래요. 자아와 타자와의 경계를 설정하는 거죠. 책에서는 바운더리의 유형을 경직된 바운더리, 허술한 바운더리, 건강한 바운더리로 구분하고 있어요. 이는 대표적으로 심리학자들이 바운더리를 구분할 때 쓰는 유형이고요.

그리고 제가 바운더리에 관해 추가로 조사를 했는데요. 〈사이콜로지 투데이(Psychology Today)〉에서는 바운더리란 "허용되는 행동과 허용되지 않는 행동을 구분하기 위해 스스로 설정한 보이지 않는 선"을 말한다고 해요. 그리고 "바운더리의 장점은 유동적이고 끊임없이 진화한다는 점이다"라고 이야기를 하고 있어요.

이 책하고는 조금 다른 유형의 바운더리 구분법도 있어요. 문요한 선생님이 쓴 《관계를 읽는 시간》에 등장했던 바운더리 유형도 잠깐 소개할게요. 이 책에선 바운더리를 돌봄형, 방어형, 지배형으로 나누어요. 먼저 돌봄형은 자신과 타인의 경계를 구분하지 못하고 상대방의 감정에 쉽게 영향을 받으며, 문제 있는 사람들에게 끌리고 그들의 문제를 해결해 줘야 된다고 생각한다고 해요. 자기 가치관과 만족감을 얻기 위해서 누군가를 도와야만 한다고 생각하는 게 돌봄형들의 특징이고요. 방어형들은 애착으로 따지면 회피형을 생각하시면 되는데, 기본적으로 사람을 믿지 못하고 친밀감을 느끼기가 어렵다고 합니다. 마지막으로 지배형은 어디에서든 자신이 관심의 중심에 서기를 바라고 상대방보다 우위에 서려고 한답니다. 약간 나르시시스틱한 경향을 가진 사람들을 이야기합니다.

그리고 바운더리에 대한 여러 오해들이 있는데요. 사람들은 흔히 바운더리를 세우는 일이 이기적인 행동이라고 생각해요. 또 바운더리가 늘 한결같아야 하고, 그래서 인간관계도 변함 없어야 한다고 믿기도 해요. 나와 가까운 사람이면 바운더리를 허물어도 괜찮다고 여기기도 하고, 건강한 바운더리를 가진 사람은 자기주장을 잘한다고 생각하기도 하는데요. 사실 이러한 사회적 통념들은 바운더리에 관한 사람들의 대표적인 오해라고 합니다.

그렇다면 여러분들은 책을 읽기 전후로 바운더리에 대한 생각이 변한 점이 있는지 또 내 삶에서 바운더리가 어떤 의미인지 한번 자유롭게 이야기를 나눠보면 좋을 것 같아요. 책을 읽기 전후로 바운더리에 대한 생각이 바뀌신 분들 있나요? 심리학 전공이신 분들도 있어서 이미 이 개념에 대해서 익숙하신 분들도 계셨겠지만 아닌 분들도 계셨을 것 같아요.

최새봄 저는 이 부분이 막연히 알던 내용을 명확하게 딱 정리해 주는 느낌이었어요. 무엇보다 책에서 강조하듯 내 인생은 누구나 보라고 펼쳐놓은 삶이 아니라는 의미가 무척 와닿았습니다. 그러면서 자연스럽게 드는 생각이 나를 불편하게 하는 질문에는 굳이 대답할 이유가 없겠다는 생각을 하게 됐지요. 사람들과 무엇을 공유할지 바운더리를 정해도 좋다고 하는데, 사실 우리나라에서는 만나자마자 과감한 질문들을 많이 하잖아요. 어릴 때는 누가 물어보면 질문에 꼭 답을 해야 되고 그게 예의라는 오해가 있었던 것 같아요. 길 가다가도 어르신이 갑자기 팍 치면서, "종로3가 어떻게 가?" 이렇게 반말로 물어보면 어릴 때는 어른이 길을 물어 봤으니까 기분이 좋지 않은 상황이어도 존댓말로 대답해야 한다고 생각했어요. 하지만 사실은 그렇게 세뇌가 되어 있었던 것뿐이거든요. 지금은 누가 그렇게 막무가내로 물어보면 그냥 피하고 대답 안 해요. 그냥 제 갈 길을 가요. 너무 무례하게 군다면 상대방이 나보다 연장자여도 도와줄 의무는 없잖아요. 그래서 이 책의 바운더리에 대한 문장이 저한테는 되게 개운한 느낌이었어요. 바운더리에 대해 막연히 알고 있었던 걸 좀 정리해주는 느낌. '누군가가 꼭 요구한다고 해서 내가 그것에 반드시 응할 필요는 없구나' 그리고 상대의 요구에 응하지 않았을 때 우리는 죄책감 같은 걸 느끼는데 그 죄책감이 느껴지는 것도 자연스럽지만 꼭 그렇다고 해서 내가 잘못한 건 아니다. 그렇게 정리가 되었어요.

차주원 저도 약간 비슷하게 느꼈어요. 한국어에 "선 넘지 마"라는 말이 있잖아요. 근데 선은 진짜 넘으면 관계가 파국으로 치닫는 게 있는데, 바운더리는 그것보다도 좀 더 확장된 느낌을 받았어요. 저는 상대방의 선을 넘지 않으려고 노력을 많이 하는데, 아까 말했던 것처럼 수문이 열리듯 어렸을 때 가끔은 사람들에게 저를 온몸으로 다 부딪히는 때가 좀 많이 있었어요. 그러다 보니까 친구들이 "너는 정말 선이 없구나" 이런 얘기를 하곤 했었거든요. 그래서 어느 순간부터는 상대방의 선을 정말 존중해야겠다는 생각을 많이 했었는데, 이 책을 읽으면서 나에게도 나만의 선이 있고 바운더리가 있는데, 내가 너무 상대방의 바운더리만을 고려했다는 생각이 들었어요.

오알록   저도 이 책이 '내가 틀리지 않았다'라는 느낌을 줘서 편했어요. 지금은 둥글게 얘기하는 방법을 배웠고 부드럽게 이야기하지만, 어렸을 때부터 저는 제 경계가 명확했었거든요. 친구들이 갑자기 놀자며 우리 집 앞에 와 있다고 하면 저는 할 일이 있으니 재밌게 놀라고 하고 밖에 안 나가고 집에도 초대하지 않았어요. 지금은 이런 즉흥적인 것이 좋을 때도 있지만 어릴 때는 불편한 감정이 더 컸어요. 그렇게 할 때마다 '마이웨이'라는 별명이 붙었어요. 그래서 '내가 좀 이상한가?' 이런 생각을 많이 했었는데 이 책을 읽으니까 그게 아니라 제 경계가 확실한 게 맞다고 얘기해주는 것 같아서 굉장히 도움이 많이 되고 위로가 됐어요.

이정화   저도 공감이 되는 게, 사실 우리뿐만 아니라 이 책을 집어 들게 되는 사람들은 '내가 너무 경계가 없다. 내가 너무 사람들한테 소극적이고 나 스스로 잘 못 지킨다'라고 생각하는 사람들이잖아요. 근데 저는 이 책 후반부에서 나온 것처럼 내가 강하게 바운더리를 설정을 해도 "네가 너무 엄격해"라고 말을 하거나 혹은 내 말을 무시하거나 내 바운더리에 반발하는 사람들이 있잖아요. 바운더리를 설정하는 일이 나 혼자만의 일도 아니고 또 상대방이 안 받아들이는 경우도 있는데, 보통 우리 기억 속에 있는 부정적인 경험들은 내가 바운더리 설정을 했는데 상대방이 안 받아들여서 무너졌거나 혹은 내가 제대로 바운더리를 설정하지 못했던 일들이거든요. 그 때문에 스스로를 자책하고 의심하는데, 책의 결론 부분에 나온 말처럼 내가 할 만큼 했던 거고, 깨지는 관계란 애초에 건강하지 못한 관계여서 깨질 수밖에 없다는 결론이 제게는 무척 위로가 되는 부분이었어요.

저는 기본적으로 바운더리가 무척 유하고 너무 허술하고, 또 지나치게 허용하는 면도 많다고는 생각이 들지만, 책을 읽으면서 한편으론 과거에 제 스스로 바운더리를 세우려고 노력하고 장애물에 맞서기도 했었던 기억들이 많이 떠오르더라고요. 그러면서 '나도 많이 시도를 했었구나', '내가 결코 못 했던 게 아니구나'라는 그런 기억들이 되살아나서 책을 읽고 용기를 많이 얻었어요.

홍의미   책에 나오는 바운더리 테스트를 했는데 어떤 부분에 있어서는 건강한 바운더리를 유지하고 있지만 어떤 부분에 있어서는 경직된 부분들이 많이 있더군요. 좀 놀랐던 것은, 제 삶의 바탕에서 건강하다고 생각하고 있었던 측면들이 경직된 바운더리로 나오는 것들이 있더라고요. 그리고 직장에서 바운더리를 잘 지키는 사람이 가족과의 바운더리를 잘 지키는 건 아니고, 가족과 직장의 바운더리를 잘 지키는 사람이 친구와의 바운더리까지 잘 지키는 건 또 아닐 수 있더라고요. 이 책을 통해 바운더리를 관계마다 각각 다르게 설정할 수 있고 그에 따라 다르게 처신할 수 있다는 걸 알게 됐어요. 그래서 저는 이 내용이 바운더리 설정의 기준이 되는 글이라고 생각했어요.

이혜진 저는 책을 읽으면서 많은 것들을 다시 알게 되었어요. 책에서 감정적 바운더리에 관한 여러 가지 설명들을 읽으면서 내가 오히려 감정적 바운더리 측면에서 가해자의 성향이 강한 사람이었다는 점이 놀랍더라고요.

서밤 너무 동감해요. 너무 다행이다. 나만 그런 거 아니라서.

이혜진 그래서 책에서 강조하고 있듯이 감정적 바운더리가 건강한 사람은 자기의 기분이나 감정을 한꺼번에 다 쏟아내는 게 아니라 시간을 두고 천천히 남과 공유하는 사람이라는 내용에 무척 공감이 됐어요. 사실 저는 평소에 그렇게 하지는 않고 급하게 여러 가지를 다 쏟아내는 스타일인데 그렇게 하면 제가 되게 솔직하고 건강한 사람인 줄 알았거든요. 근데 그게 아니라는 것에 놀랐어요. 그리고 그렇게 하는 게 적절한 상황에서만 개인사를 공유하면서 친구를 주의 깊게 사귄다는 의미더라고요. 한마디로 전 그동안 감정적 바운더리가 건강한 사람과는 다르게 살았다는 뜻이잖아요. (일동 웃음) 그리고 또 감정을 마구 분출하는 게 바운더리 침해라고 하는데, 저는 제 감정을 충분히 느끼고 그걸 표현하는 게 건강한 거라고 생각을 했었거든요. 근데 그게 또 그렇지 않다는 걸 깨달았지요. 그리고 공유하고 싶지 않은 정보를 알려달라고 압박하는 거. 이건 사실 직업(기자)과도 연관되는 거긴 한데. 책의 디테일한 설명대로라면 그냥 저는 가해자. (일동 웃음)

배현정   심리학 용어로서의 바운더리는 제가 전공자가 아니라서 구체적으로 알지는 못하는데 바운더리 내용을 보니까 제가 평소 늘 하는 얘기더라고요. 그래서 이 책의 내용 자체가 저한테 필요한 건 아니에요. 모임 때문에 읽은 건데, 이미 하고 있는 것들이 여기 다 들어가 있었어요. 저는 테스트해 보니까 하나 빼고 다 건강한 바운더리가 나왔거든요. 내가 늘 남에게 하는 소리가 많이 담겨 있는 거예요. 그래서 바운더리 개념이 낯설지는 않고 이거를 용어로 정리하면 이렇게 되는구나. 그리고 전문가가 이걸 바운더리가 취약한 사람들에게 얘기할 때 이런 워딩을 사용한다는 걸 알게 됐어요. 그리고 한편으론 번역 때문에 생기는 차이도 있는 것 같아요. 바운더리는 영어 단어고, 그에 딱 맞는 한국어 단어가 있는 건 아니잖아요. 경계나 영역이라는 표현은 있지만 그 뉘앙스가 아주 똑같지는 않고요. 전 영어를 쓰는 문화권에 많이 있었다 보니 "You overstepped my boundaries!"(너 선 넘고 있구나) 같은 표현을 많이 들었었어요. 근데 한국에서는 "너는 지금 내 영역 안에 들어온 거야" 같은 표현은 잘 쓰지 않더라고요. 이렇게 언어와 문화의 차이도 있는 것 같아요.

손주연 저는 바운더리라는 공식적인 심리학 용어는 처음 들은 거 같아요. 그래서 처음 책을 폈을 때 바운더리가 평소에 생각을 안 하던 부분이라서 저랑은 별로 관계가 없다고 생각했거든요. 근데 막상 보니까 저한테 너무 필요한 내용인 거예요. 그래서 내가 이 용어를 몰랐던 것뿐이지, 실제로는 필요한 내용이어서 책이 술술 잘 읽혔던 것 같아요.

김형준 저는 바운더리 개념이 우리 문화권에 맞는지 의문이 들더라고요. 우리나라에선 바운더리가 암묵적인 것 같거든요. 저도 심리학을 배우는 차원에서 친구들하고 일부러 그런 작업들을 해봤어요. 불편한 것들을 꺼내서 얘기하는 걸요. 근데 제 동생이라든가 심리학을 잘 모르는 분들하고 이런 얘기를 하면 굉장히 불편해해요. "왜, 이거 당연히 이런 거 아니야?" 이렇게 받아들이는 면이 있더라고요. 근데 또 책 내용 보면 미국 문화에서도 그런 사람들이 있는 것 같긴 하더라고요. "굳이 왜 이걸 꺼내야 되냐" 이런 거. 그래서 좀 신기했어요.

김혜진 자기 보호를 하거나 상대방을 침해하지 않으려고 바운더리를 설정하는데, 어떤 분들은 바운더리를 정하는 것 자체가 침해라고 여기는 경우도 있어요. 집단주의적 사고에 익숙한 분들은 연결감을 느끼고 싶어 해요. '공동체가 내리는 올

바른 결정에 다 같이 따르는 게 편한데 거기에 바운더리를 설정하는 게 우리의 삶을 침해하는 거 아니냐'는 식의 반응을 하는 거죠. 저는 바운더리에 대해 긍정적인 생각을 갖고 있긴 하지만, 이 책을 읽으면서는 불편한 부분도 있었어요. 마치 바운더리가 관계의 전부이고 모든 문제의 해답인 것처럼 말하는 부분이 그랬어요. 예를 들어서 어떤 유형의 병리가 있는 사람들에 대해서도 "바운더리로 모든 게 해결돼!"라고 얘기하는 것 같아서, '지금 강요하는 거야?' (일동 웃음) 이런 느낌이 들기도 했어요.

손주연   우리나라는 사실 집단주의, 눈치 보는 문화잖아요. 그래서 바운더리라는 개념이 공식적으로 혹은 보편적으로 들어와 있지 않은 것 같고, 그 대신 그 경계를 '상식'이라는 말로 퉁 치는 것 같아요. 사람들이 다 상식이라는 단어를 써서 타인과의 적당한 거리를 유지하는 것 같아요. '말로 안 해도 알아서 하겠지' 하는 암묵적 룰처럼요. 책을 읽고 바운더리를 설정하는 건 새로운 규칙을 만드는 일이에요. 그런 점에서 이 바운더리를 정하는 일 자체가 누군가에겐 조금 불편한 일이 될 수 있겠다는 생각을 해요.

김혜진   저도 책에 나오는 불편한 얘기라는 부분이 와 닿았어요. 바운더리를 설정하고 자신을 알고, 자기주장을 할 수 있게 되면, 자신이 언제 어떻게 바운더리를 침해받는지 알게 되지요. 그럴 때 상대방은 나의 이전과 달라진 모습과 관계방식에 당황하고, 불편함을 느끼게 되거든요. 예를 들면 모든 것을 맞춰주던 사람이 갑자기 자기 주장을 하니까 바운더리를 설정해가는 과정에서 서로 충돌하거나, 이해하지 못하는 부분이 생기는 것이죠. 그런데 사실 이런 과정은 사람들이 나를 찾아가고 있고, 자기주장을 표현하기 시작했다는 좋은 신호이기도 한데요. "상대에게 맞춰주는 삶이 편했는데. 내가 조금만 불편을 감수하면 평화롭게 살 수 있었는데. 내가 바운더리를 설정하니까 막 공격이 들어와요. 이제 평화로운 삶을 살 수가 없어요. 왜 나는 이렇게 해야만 하는 건가요?"라고 이야기를 하기도 해요. 그래서 그 불편함을 감수하고 현명하게 대처하는 방법들을 배워야 된다고 생각해요. 책에서는 이 부분까지는 언급되지 않은 것 같아요. 연습이 필요해요. 이전에 하지 않았던 바운더리를 설정한 후에 나의 변화가 익숙하지 않은 사람들에 의해 불편한 상황이 오리란 걸 알고 미리 대비하는 시뮬레이션 과정이 필요해요. 바운더리를 설정했을 때 상대가 불편해할 수 있는 상황을요. 그럴 경우에 안정적으로 자기 바운더리를 지키면서 상대방의 바운더리도 지켜줄 수 있어요.

이미리내 저는 항상 누군가와 관계를 맺을 때, 서로 가까워지는 과정에서 어딘가 항상 벽이 있다는 느낌을 많이 받았었거든요. 근데 이게 알고 보니 다 바운더리였더라고요. 그래서 저는 오히려 이 책을 통해서 사람들이 각자 그런 자신만의 경계가 필요하다는 중요성을 인식하게 됐어요. 또 제가 이 바운더리의 이미지를 떠올려 봤을 때, 이 책 표지에서 도움을 많이 받았어요. 이게 딱 조개의 진주잖아요. 근데 저희가 바운더리라고 하면 보이지 않는 가상의 영역인데, 이걸 이해하기 쉽게 잘 표현했다는 생각이 들어요. 즉 '진주가 나의 내면을 상징하고, 자신의 바운더리를 지키면 내면의 가치를 지킬 수 있다' 이런 식으로요.

민수경 저는 여행 갔다 와서 바로 읽어서 그런지 모르겠는데 제가 여행 가서 인상 깊었던 게, 우리나라는 사람들이 아파트에 닭장처럼 모여 있잖아요. 근데 제가 여행 다녀온 아이슬란드는 진짜 집들이 다 뚝뚝 떨어져서 있고, 다 개별 정원도 있고 그래요. 어떻게 보면 이런 주거환경에서부터 바운더리가 시작되는 게 아닌가 하는 생각도 했어요. 저는 출장 같은 데 가도 각자 개인 방을 쓰는 게 맞다고 보거든요. 사실 바운더리 책을 읽으면서는 '내가 용기 내서 했던 행동들이 다 내 바운더리를 지키는 행동들이었구나'라는 거를 느꼈고요. 그리고 어떤 부분에서는 내가 바운더리 침해인지도 모르고 그냥 살고 있었던 것도 알게 됐어요. 회사를 그만두기 전에 일들이 좀 있었는데 그 일이 책에 나온 직장 예시랑 똑같더라고요. 예전 일을 돌이켜보고 내가 바운더리를 지키는 게 부족했다는 생각을 하면서 되게 공감되는 부분이 많더라고요.

서밤　　다들 여기서 위로받았다고 했는데 저는 좀 반성했거든요. 제 부모님이 바운더리가 공고하신 분들이었어요. 그래서 결혼하고 나서도 부모님은 한 번도 저희 집에 비밀번호를 누르고 들어오신 적이 없어요. 이건 정말 좋은 거죠. 그렇지만 어릴 때는 좀 더 친밀한 바운더리를 원하잖아요. 그래서 저는 어릴 때부터 늘 저와 가까운 사람들과 너무 멀리 있다고 느꼈어요. 그래서인지 저는 항상 꼬리 치는 리트리버 같은 스타일? "네가 좋아! 왕!" 이렇게 다가가는 느낌이었어요.

　저의 가장 친한 친구가 저희 윗집에 살아서 어제도 그 친구랑 같이 있었어요. 그런데 또 다른 친구가 자기 파트너랑 집에 돌아오는 길에 딱 마주친 거예요. 그래서 제가 누구의 의사도 묻지 않고 바로 그 친구한테 "같이 저녁 먹을래?" 한 거예요. 근데 이 친구는 사정이 있었을 수도 있고 파트너는 싫었을 수도 있잖아요. 심지어 제 윗집 사는 친구는 이 둘하고 초면이었단 말이에요. 아무것도 생각하지 않고 저는 "같이 밥 먹자" 이렇게 해버린 거죠. 저는 넷이 다 친해졌으면 좋겠다는 마음이었는데, 사실 이것도 바운더리의 침범이잖아요. 사실은 이 친구한테 "같이 밥 먹어도 괜찮을까?"라고 먼저 양해를 구했어야 했죠. 그리고 그 친구도 앞에서 거절하기 어려운 상황이었을 수 있으니까 "우리 같이 밥 먹으면 어때? 내 친구도 소개해 주고" 이렇게 먼저 친구에게 양해를 구했어야 했다는 생각을 이 책을 읽으면서 많이 했어요. 내가 타인의 바운더리를 굉장히 상습적으로 침범하면서 그게 나의 친밀감의 표현이라고 착각했었구나. 사실은 존중해 주는 게 친밀감의 표현이었을 수 있겠다는 거를 많이 느꼈어요. 그래서 친구들한테 "미안해. 난 바운더리 침범자야" 이렇게 어제 바로 사과했던 경험이 있습니다.

여러분의 바운더리는 어떤 모습인가요?

서밤 이제 바운더리 유형에 대해 이야기를 나눠볼 텐데요. 우선 여러분들은 다른 분들의 바운더리 유형에 대해 궁금하실 것 같아요. 그래서 내가 이해한 바운더리 유형이 어떤 것이고 또 나의 바운더리 유형과 관계 맺는 방식은 어떤지 이야기해 보면 좋을 것 같아요. 그럼 이제 어떤 것들 때문에 내가 허술한 바운더리를 갖고 있다고 느꼈고, 혹은 이런 순간에 내가 건강한 바운더리를 갖고 있다고 느꼈는지 말해볼까요?

이혜진 저는 상당히 건강한 바운더리라고 나왔거든요. 근데 이 설명을 읽어보면 저는 방어형 기질이 있는 것 같아요. 대학교 때 교양 수업에서 테스트해 봤을 때는 안정형이라고 나왔었다고 생각을 하는데 이렇게 유형이 막 섞여서 나오는 게 정상적인 건가요? 아니면 뭔가 제가 착오가 있어서 방어형이 아니라 다른 유형인데 제가 잘못 생각을 하고 있는 건지 궁금해요.

서밤 제 석사 연구 주제가 애착이었거든요. 안정형, 그러니까 애착 유형이란 게 결국 스펙트럼이에요. 그래서 사람들 대부분은 안정형이에요. 사실 안정형이 제일 많은데 안정형 중에서도 내가 조금은 더 방어적인 성향이 있다, 혹은 조금은 더 돌봄의 성향이 있다고 생각해 주시면 될 것 같아요.

이혜진   그러니까 건강한 바운더리라고 나온 것도 맞는 거네요?

서밤   그럼요.

이혜진   알겠습니다. 근데 이 책의 보기를 읽으면서도, 이 설명이 나를 온전히 설명하지 못하고 있다는 생각이 드는 거예요. 저는 MBTI 결과도 반신반의하거든요. 설문에서 내가 지금 이 항목을 선택할 마음이 아니지만 그 중에 대충 비슷한 걸 선택하는 거잖아요. 어느 정도 결과에 오차가 있을 수밖에 없기도 하고요. 여기서도 "거절하고 싶을 때 거절하지 못한다"라는 항목이 나오면 "그렇다", "아니다", "대체로 거절한다" 이 3개 밖에 없는데 저는 이 세 개가 다 아닌 거예요. 결국 "거절하는 동시에 다시 요구하지 못하도록 거절의 이유를 밝힌다"를 동그라미를 치면서 그 옆에 괄호 치고 거절의 이유를 "상대방이 상처받지 않도록 최대한 배려한다" 이렇게 적는 거예요. 그래서 건강한 바운더리가 제일 많이 체크됐지만 이 관계를 맺는 사람이 누구냐에 따라서 결과가 달라질 거 같아요. 어떤 때는 좀 경직되어 있기도 하고 또 다른 때는 허술하게 나오고요. MBTI도 어디서는 E고, 어디선 I, 이렇게 나오는 것처럼요. 그래서 바운더리 유형을 고르기가 쉽지 않았어요.

서밤 저는 허술한 바운더리고요. 그중에서도 돌봄형이에요. 100%. 자신과 타인의 경계를 구분하려고 하지만 잘 못하는 경우가 많아요. 특히 남편이 기분이 나쁘다든가 이러면 감정을 풀어주려고 많이 노력하는 편이거든요. 상대의 감정에 쉽게 영향을 받죠. 그리고 제가 왜 코칭 수업을 선택했겠어요. 누군가의 성장, 변화, 발전을 보는 데서 너무 큰 기쁨을 얻기 때문이죠. 그래서 저는 허술한 바운더리로 살고 있지만 불편했던 적은 없어요. 남들이 내 바운더리를 침범하면 그냥 밀어내면 되잖아요. (웃음) 그래서 저는 '허술한 바운더리가 꼭 나쁜 건가?'라는 생각을 좀 하면서 이 책을 읽었어요. '바운더리라는 게 꼭 건강해야 되나?'라는 생각을 했었습니다. 그래서 저는 관계 맺는 방식이, 제가 계속 다가가고 상대방이 적절히 블로킹하는 식인 거예요. 상대가 선을 그어주면 '거기가 바운더리구나' 하고 기다리는 거죠.

이정화 그게 건강한 사람들이 주변에 많으면 문제가 안 되는 거 같아요. 반대로 주변에 바운더리가 불안정하고 성격적으로 문제가 있으면 그 선을 지키기가 어려워요. 바운더리가 순응형이거나 돌봄형이어도 주변 사람들이 건강하고 함부로 바운더리를 침범하지 않고 존중해 주면 큰 난항을 겪지 않는 것 같아요. 저 같은 경우는 그렇지 못한 사람들을 사적인 자리에서 만나서 힘들었던 적이 많았어요. 저는 순응형이나 돌봄형의 중간이라고 생각하거든요. 그래서 다른 사람의 기분에 영향을 많이 받고 내가 해결해 줄 수 없는 감정의 영역인데도 그걸 해결해 주려고 하는 성향이 있어요. 그래서 바운더리가 건강하지 못한 사람을 만나면 그거를 해결해 주려다 제 바운더리가 무너지는 경우가 종종 있죠. 예를 들면, 저는 말없이 갑자기 우리 집에 찾아오는 거를 싫어해요. 근데 누군가 갑자기 우리 집에 찾아오면 그게 싫은데도 받아주게 되는 거죠. 특히 누구냐에 따라 달라요. 저는 친구들이나 직장 동료라면 건강한 바운더리를 지킬 수 있어요. 그런데 좋아하는 사람이 찾아오면 갑자기 제 바운더리가 순응형, 돌봄형이 되는 거예요. 물론 제가 건강한 사람을 만나면 이런 것도 괜찮은데, 건강하지 못한 사람을 사랑하게 되면, 제가 저를 너무 많이 희생하게 되고 그래서 피폐해지게 되는 거예요. 마음에 들지 않는 부분이 있어도요.

최새봄   그런 순간을 캐치하는 게 중요한 것 같아요. '이 관계 안에서 나는 지금 이 행동을 원하지 않는다', '나는 지금 하고 싶지 않은데 나도 모르게 해버렸다'라고 생각하는 거예요. 그럼 이제 그다음에 똑같은 상황이 발생했을 때 브레이크를 걸 수 있게 되는 것 같아요.

    특히 연인관계가 그래요. 원래 선이 있었지만, 서로 시간이 지나고 친밀해지고 익숙해지다 보면 선이 이렇게 훅 들어올 때가 있잖아요. 그게 불편할 때가 있으면 자연스럽게 밀어낼 수 있는 훈련 같은 거를 스스로 하려고 하고 있어요. 이상적인 얘기긴 한데 어른들이 늘 말씀하시는 "너한테 꼭 필요한 사람을 곁에 두고 생활해"라는 말은 어른이 돼 가면서 더 절실하게 느끼는 것 같아요. 쉽지는 않지만 이렇게 바운더리도 관계가 어느 정도 지속이 돼야 할 수 있잖아요. 첫눈에 모르잖아요. 쉽지는 않지만 과정으로서 계속 노력할 수밖에 없겠다는 생각이 들어요.

서밤 바운더리에 대한 오해들 중 하나가 바운더리가 늘 한결같아야 한다는 거였죠. 근데 우리도 살면서 느끼듯이 우리 마음속에는 따뜻한 안방도 필요하고 때로는 서늘한 거실도 필요하거든요. 대문에서부터 들이지 않을 사람들, 거실까지는 들일 사람들, 안방에 들일 사람들이 다 달라야 된다는 이야기죠. 누군가 "나는 사람들이 거실에 있는 게 좋아. 안방은 나만의 것이야"라고 하면서 그게 편하다고 하면, 그게 제일 좋은 거라고 생각해요.

차주원 바운더리도 사람마다 여러 단계가 있다는 거에 생각을 좀 해봤어요. 친소 관계나 환경에 따라서 정도를 나눠보는 거예요. 처음 보는 낯선 사람이라면 10단계로 설정을 했다가, 친밀해질수록 점점 단계를 낮춰가고요. 직장에서 만난 사이라면 한 7단계 정도로 적당히 유지를 하다가 좋은 사람이라고 생각이 되면 또 자신을 드러내고 가까워지는 거예요.

제 바운더리는 확실히 허술하기 한데, 돌봄형과 지배형 사이 어딘가에 있는 것 같아요. "넌 정말 줏대가 있고 대쪽 같다"라는 얘기를 많이 듣는 편이에요. 그런데 지배형이 관심의 중심에 서기를 바라고 우위에 서려고 한다는 설명이 저한테 꼭 들어맞지는 않아요. 그렇지만 조금 관종 끼도 있고 다른 사람들이 다 나를 좋아했으면 좋겠다는 마음도 있기는 해요.

오알록 저는 그냥 다 조금씩 해당되는 거 같더라고요. 연인과 헤어지고 그림책을 만들었잖아요. 근데 그 이유가 제 주변 사람들에게 나 이제 괜찮고 그동안 고마웠다는 표현을 하고 싶어서 했던 작업이었어요. 저도 힘들지만 제 주변 사람들도 많이 힘들어 했거든요. 너무 오래 사귀기도 했고 저희 사이에 관계된 사람들이 많았거든요. 그래서 이제 괜찮다는 걸 표현을 하면서 이 사람들에게 고맙다고 얘기를 하고 싶었어요. 어쩌면 이런 생각이 돌봄형에서 나온 게 아닌가 라는 생각이 들어요.

동시에 방어형도 조금 있는데, 단적인 예로 저의 개인적인 공간은 침범당하지 않았으면 좋겠다는 부분이 분명히 있어요. 약속에 시간과 에너지를 들이며 '약속'에 높은 가치를 두는 성격은 지배형하고 관련이 있어 보여요. 약속을 잡아 놓고 저는 당일 혹은 하루 전 날에 구체적인 이유 없이 약속이 취소되면 스트레스를 많이 받아 예민해지거든요. 제 친구들은 저의 그런 면을 알고 제 바운더리를 존중해 줘요. 그래서 그렇게 남은 친구들은 항상 저를 배려해 주면서 자기들이 약속을 지키지 못하는 이유를 구체적으로 설명해 줘요. 그렇게 구체적으로 이야기해주면 마음이 정말 편해져요. 시간이 지나면서 저도 갑작스럽게 약속 취소를 해야 하는 상황도 마주하다보니 구체적으로 설명하기 어려운 상황도 있을 수 있다는 것을 일부 받아들이게 되었어요. 이런 제 모습을 돌이켜보면 테스트 결과는 안정형에 가깝게 나왔지만, 다 어느 정도 조금씩 해당되는 거 같아요.

이미리내 저는 경직된 바운더리를 가졌었다가 허술한 바운더리로 바뀌어가고 있는 것 같아요. 그런데 그동안 바운더리에 대해 고민을 했던 적이 크게 없어요. 생각해 보니까 허술한 바운더리를 가졌음에도 가까운 이들은 제 공간을 존중해 주기 때문인 것 같아요. 종종 "언제 여행 갈래?", "언제 만날래?" 혹은 "저녁이라도 잠깐 만나자" 이렇게 불도저처럼 다가올 때가 있는데요. 곧 "불편하면 먼저 말해줘. 네가 편한 대로 맞출게. 네가 불편한 건 나도 싫어"라고 이어서 덧붙이거든요. 그래서 처음엔 제 바운더리가 침범받았다고 순간 느꼈지만, 쉽게 그 바운더리 안으로 들여보내게 되더라고요. 시간적, 정신적 여유가 없을 때 조차도요. 상대가 절 존중하고 사랑하는 게 느껴지면 바운더리가 금방 허물어져요. 제가 사랑하는 사람들이다 보니 이를 문제라고 삼지 않았던 것 같아요.

서밤 근데 되게 스윗한 말이다. "불편하면 얘기해. 네가 불편한 게 싫어."

김혜진 우리들 대화에서 지금 깨달은 게 있어요. '친구 관계에서는 바운더리를 쉽게 적용하는구나. 그런데 가족 관계에서는 왜 쉽지 않을까?', '친구 관계에서 하는 이 방법을 가족 내에서 사용하면 좀 더 쉽게 적용할 수 있지 않을까?' 이런 생각이 들어요. 가족 간에도 불편함을 느끼면 바운더리 설정을 하고 관계를 재정립할 수 있으면 얼마나 좋을까요. '어렵지만 가족 간에도 적용시켜 본다면 친구만큼은 안 돼도 좀 더 이 관계의 발전이 생기지 않을까?'라는 생각을 하게 됐어요.

> 제발, 이 선만은 넘지 말아줘!

서밤 그래서 제가 모임 전에 단톡방에서 여러분에게 "바운더리를 지키기 미묘했던 상황이 있나요?"라는 질문을 한 건데요. 제가 최근에 이 책을 읽으면서 제 바운더리를 지키기가 되게 미묘했던 상황이 있었어요. 저희 할머니가 올해 돌아가셨어요. 그래서 추석 때 할머니 묘소로 성묘를 갔어요. 근데 파주예요. 전 파주가 상당히 멀다고 생각하는 사람인데, 저는 할머니를 그렇게 좋아하지 않았어요. 그런데 아빠는 좋아해요.

그래서 이게 좀 미묘한 거예요. 만약에 내 친구 부모님이 돌아가셨다고 해보죠. 근데 처음 맞는 성묘야, 처음 맞는 명절이야, 그러면 친구가 같이 가자고 하면 저는 갔을 거란 말이에요. 문제는 아빠가 이걸 당연하게 생각하는 게 싫은 거예요. 물론 저도 가는 게 맞다고 생각은 하면서도 이렇게 아빠가 당연하게 생각하는 것도 싫은 거예요. 그래서 저는 가고 싶지는 않은데 그래도 아빠를 위해서 가는 거라고 말을 하고 싶은데, 이 상황 자체가 무척 미묘한 거죠. '그럼 아빠가 서운하지 않을까? 우리 가족인데 당연히 가야지' 가족과의 상황이 제일 미묘한 거 같아요.

김혜진 저희 집은 통제도 있지만 어느 정도 바운더리가 지켜지는 편이에요. 가족끼리 세 세대가 모여서 식사하는 자리가 많아요. 아이들은 공부도 하고 친구들하고 놀고 싶어 하는데, 가족 모임에 꼭 참여해야 한다고 하기는 어려워요.

이런 문제를 조율하는 법에 대해 고민을 많이 했어요. 서밤 님 말씀을 들어보니까, 한국적인 방식과 바운더리 개념을 어느 정도 결합시키는 게 좋을 것 같다는 생각이 들어요. 저는 아이들한테 가족 모임에 빠져도 좋고, 친구 만나러 가도 좋다고 얘기해요. 의견을 이야기하면 그건 엄마가 얼마든지 도와줄 수 있다고 하죠. 원하는 걸 이야기할 수 있는 기회를 주는 거죠. 저희 집안에서는 행사에 빠지는 것이 쉽게 허락되지 않기 때문에 중요한 일로 오늘 참여가 어렵다고 제가 전달해요.

아이가 곤란하거나 예의 없는 사람이 되지 않게 중간에서 도와줘야 된다고 생각을 하거든요. 한국적인 관계 맺기와 바운더리 개념을 적절히 섞는 게 중요한 거 같아요.

서밤 정말 복잡 미묘한 생각이 드네요. 저희 부모님이 가족 모임을 되게 싫어하셨어요. 그래서 저는 진짜 어릴 때 그런 가족 모임에 많이 안 갔어요. 근데 나중에 커서 너무 외로워요. 그러니까 가족적인 커뮤니티가 저한테 부재한 거예요. 심지어 사촌 한 명이 저랑 같은 대학을 다녔는데 학교에서 한 번도 만난 적이 없어요. 그렇게 되는 거예요. 그래서 제가 만약에 자식을 키우게 된다면 각각의 장단점을 얘기해 줄 거 같아요. "네가 여러 가족 모임에 가면 가족이라는 커뮤니티가 네 삶 안에 생길 수도 있어. 근데 안 가면 너는 독립적이고 자유롭게 될 거지만 언젠가 그 부재가 느껴질 순 있어." 우린 항상 소속감과 독립성 사이에서 갈등하게 되잖아요. 그래서 그 둘 다를 알려주고 선택할 수 있게 하는 게 좋을 것 같아요.

오알록 저는 부모님이 집안 행사에 데려가는 것을 좋아하세요. 저도 가족끼리 드라이브하는 시간이 좋고 한편으로는 '집안 행사에 사람 한 사람이라도 더 있어야 번거로운 일을 줄일 수 있다'라는 생각으로 참여해 왔어요. 원래 말수가 많지 않은 편이라 묵묵히 그 자리에 머물러 있는 편인데요. 한 번은 가족 행사에 참여하기 어려울 것 같다고 이야기하고 저만 안 간

적이 있어요. 그때 부모님께 감사한 점은, 제가 어떠한 주장을 할 때 그에 대한 구체적인 근거를 제시하면 몇 일간 고민해 보신 후에 제 의견을 존중해주셨어요. 그러고 나니까 첫째로서 동생들에게 미안한 마음이 들더라고요. 그 뒤로는 가족 행사에서 제 자리를 지키려고 노력했어요.

서밤   가족이 참 애매하다.

배현정   여러 한계나 단점에도 불구하고 저는 바운더리라는 개념에 긍정적이에요. 명쾌하고 얼마나 좋아요. 나 자신을 지키기에 좋고요. 근데 이것과 대비돼서 굉장히 부정적으로 보는 용어가 '도리(道理)'. 끝도 없고 명확하지도 않고 뭔지도 모르겠는 그놈의 도리. 도리는 그 선이 뭔지도 모르겠는데 말이죠. 근데 도리를 말하는 분도 도리의 선이 어디부터 어디까지인지 몰라요. 그냥 자기 마음에 안 들면 도리가 없는 거예요. 그래서 저는 바운더리를 긍정적으로 봐요. 바운더리보다 굉장히 상반되고 모호한 개념인 도리가 우리 사회를 너무 과도하게 지배하고 있기 때문에 더 그래요.

김혜진   보이지 않는 것과 보이는 것의 차이인 거 같아요. 보이지 않는 도리는 그 선을 알 수 없기 때문에 우리는 더 많이 무리한 요구를 할 수 있게 되고요.

서밤　　더 많은 에너지를 쓰게 되죠. '이 사람의 도리는 무엇인가?'를 알아내려고 눈치를 보니까요.

김형준　　제가 아는 친구 중에 처세를 잘하는 친구가 있어요. 그래서 자기의 의사나 욕구를 굉장히 잘 표현해요. 상대방이 기분 나쁘지 않게 그런 표현을 잘하는데, 그 친구 행동이나 태도를 보면 진짜 대단하고 존경스럽거든요. 근데 저는 그렇게 못 하겠는 거예요. 저는 그런 기술들도 없고요. 그 친구는 사람들을 보면 '이 사람한테는 이렇게 말해야겠다', '저 사람한테는 이렇게 말해야 기분이 안 나쁘게 내 의도가 전달될 수 있겠다' 이런 게 딱딱 보이나 봐요. 전 그렇지 않거든요. 저는 친구와 달리 그 과정에서 엄청난 에너지를 소비해야 해요.

서밤　　지혜롭게 하는 거죠.

김형준　　저도 그런 지혜로운 소통 방식을 배우고 싶어요. 제 생각에 바운더리를 지키는 방법들은 개개인마다 다 조금씩 다른 거 같아요. 똑같은 "안 돼요"도 누가 하느냐에 따라 받아들이는 느낌이 다른 것처럼요. 그래서 바운더리를 지키는 방법도 경우에 따라 다르고, 하나의 기술이 모든 사람한테 적용되는 건 아니라는 생각이 들어요.

김혜진　　기질의 차이에 따라 표현하는 방법이 다르잖아요. 그럴 때 바운더리 방식이 고정적으로 정해져 있다면 어떤 사람은 굉장히 힘들어할 수 있거든요. 자기 한계를 분명히 알고 나를 알고, 거기에 맞는 바운더리를 개발하는 것도 필요해요.

민수경 사소한 말과 분위기에서 바운더리 개념 설정이 어렵다고 생각해요. 예전에 잠깐 일을 도와드렸던 교수님이 계셨는데, 다른 분들과 식사하는 자리에 저를 초대하신 적이 있어요. 그렇게 초대받은 곳에서 식사를 하게 됐는데, 갑자기 교수님이 "밥 먹는데 여자가 있어야지" 이런 말을 하시는 거예요. 저에게 어려운 자리였고 상대가 교수님이었기 때문에 그 말을 붙잡고 뭐라 말하기가 어려웠어요. 그때 동석하신 어떤 분이 그런 말씀하시면 안 된다고, 단호하지만 너무 진지하진 않게 얘기를 해주셔서 다행히 넘어가긴 했지만 그 상황이 무척 당황스러웠어요. 바운더리를 잘 지켜야 할 때 상대가 누구냐에 따라 어려운 것도 있는 것 같아요. 무표정으로 대응하거나 상황을 중지시키는 액션이 필요한데 그게 막상 실전에서는 잘 안 되거든요. 생각해 보면 일상에서 이런 미묘한 상황들이 더 많을 거 같아요.

이미리내 저를 응원해 주고 성장하도록 지지해 준 사람들에게 바운더리를 설정한다는 게 참 어려워요. 가족과 친구들의 기여가 있는데, 제 마음대로 벽을 세운다는 느낌이 든달까요? 기여자들한테 도리란 말을 쓰고 싶지 않은데. (일동 웃음)

손주연   바운더리가 그 자체로 고정적인 게 아니잖아요. 그럼 사실 아까 말씀해 주신 거랑 똑같은 게 되거든요. 눈치에 따라서 알아서 잘 깔끔하게, 센스 있게 행동하는 개인기가 필요한 영역이에요. 그래서 전 바운더리 설정에 있어서 많은 성찰과 연습이 필요하겠다는 생각이 들어요. 어릴 때 다른 친구에게 무례하게 대하는 친구가 있었는데, 그 친구가 너무 불편해서 참고 참다가 결국엔 절교를 선언한 적이 있어요. 근데 나중에 커서 비슷한 상황을 직면하니까 가까운 사이에서 절교를 하는 게 꼭 능사는 아니겠다는 생각이 들더라고요. 그래서 성인이 되고 나서는 그런 사람들에게 불편한 점을 얘기하고 문제를 해결하려고 노력해요. 그렇게 대화를 해보면 서로의 처지를 이해하고 어느 정도 불만을 해소하게 되거든요. 많은 경험이 필요한 부분이에요.

이정화   가족도 그렇긴 한데 저는 제가 정말 많이 좋아하는 사람하고는 그게 참 애매해져요. 예를 들면 장거리 연애하느라 몇 번 보지도 못하는 남자친구가 갑자기 우리 집 앞에 찾아와서 만나자고 하면 솔직히 너무 싫거든요. 내일 일정이 있는데 왜 갑자기 찾아와서 그러는지. 그렇다고 이걸 거절하면 당분간 못 볼 거고 또 나는 보고는 싶기도 하고요. 언제 또 볼지 몰라서 거절하기가 참 그래요. 결국 그렇게 해서 만나면 좋기는 한데 마음이 좋지는 않아요. 이런 규칙이 깨지니까, 상대방도 '얘는 언제든지 아무 때나 찾아와도 되는구나'라고 생각하

나의 바운더리는 여기까지라는 걸 미리 얘기하고
갈등이 있는 상황에서 상대를 설득하는 게 중요해요.

는 거예요. 그러면 이게 앞으로 계속 꼬이더라고요. 규칙 설정 자체가 안 되니까요. 반대로 친구의 경우에는 이런 적이 있었어요. 친구가 갑자기 연락도 없이 오늘 놀자고 저를 찾아온 거예요. 그래서 제가 오늘 약속이 있어서 안 될 것 같다고 얘기했더니, 그 친구는 "난 네가 보고 싶어서, 오늘 너 보러 이렇게 달려왔는데…" 이러면 제가 막 죄책감이 들면서 힘들어지죠. 그게 너무 불편하죠. 내가 많이 좋아하거나 저에게 감정적으로 부담을 주는 사람과는 바운더리 설정이 미묘해요. 상대방의 감정은 상대방이 알아서 처리할 영역이라고 생각하거든요. 그렇지만 제가 남의 감정을 책임져 주려고 하거나 혹은 제 외로움이 클 때에는 그렇게 딱 잘라내는 게 무척 어려워요.

홍의미 저도 사람을 너무 좋아해서, 상황이 안 될 때조차 거절을 못할 때가 있어요. 힘들어서 결국 인연을 끊었던 친구가 있었는데, 몇 년 동안 이야기를 계속 들어줬어요. 그 친구는 제가 급한 일이 있다고 해도 제 이야기를 듣지 않고 본인의 감정만 쏟아내곤 했어요. 저는 오히려 제가 좋아하는 사람들에게 경계를 세우기가 어려운 것 같아요. 지금도 밤새 과제를 해야 하는 상황인데 갑자기 새벽에 친구에게서 전화가 오면 1시간, 아니면 적어도 30분이라도 통화를 해요. 지금 이 친구가 저를 필요로 하고 제가 덜 자면 되니까요. 한편으로는 자고 있었으면 전화를 못 받았을 테니, 밤을 새는 중에 전화가 와서 다행이다 싶기도 하고요. 그래서 이 친구도 저를 많이 배려해

주기도 하고요. 서로 노력을 하는 것도 중요한 것 같아요. 그래서 그 고등학교 친구도 몇 년 동안 이야기를 계속 들어준 거예요. 그런 것들에서 경계를 세우기가 어려운 것 같아요.

최새봄 소중하고 가깝고 내가 계속 연결되고 싶은 사람일 때 우리는 조금 더 희생하면서 또 노력하게 되잖아요. 근데 저는 어느 시점부터인가 이런 방법을 쓰게 됐어요. 예를 들어 굉장히 바쁜 상황인데 제가 소중하게 생각하는 사람이 만나서 이야기하고 싶다고 할 때가 있어요. 만약 제가 쓸 수 있는 시간이 5시간이 있다고 하면, 그 사람에게 "내가 2시간밖에 없는데 네가 만나고 싶다고 하니까 이 시간을 내도록 할게" 이렇게 얘기해요. 그러면 그 친구도 저를 만나러 와서 2시간밖에 없는데 이 2시간을 다 자기한테 썼다고 생각하면 미안한 마음에 한 1시간 반 정도 후에 가게 되는 거예요. 그럼 나에게는 5시간 중에 어쨌든 3시간 반이 남게 되잖아요. 친구와의 관계도 소중한 그런 미묘한 상황에서는 이런 식으로 절충안을 만들어 내게 돼요. 원래 상품 가격이 1만 원인데 만 원 써놓고 50% 할인했다고 붙여 놓는 것처럼. (웃음) 그런 식으로 유도를 해서 풀어나가려고 해요. 그렇지만 그걸 최대한 친구가 느끼지 못하게 하는 거죠.

우리가 흔히 친구 사이의 친한 정도를 알아보는 말로 "OOO에게 얼마나 돈을 빌려줄 수 있나?"라는 질문을 받게 되잖아요. 그러면 제 대답은 "돌려받지 않아도 되는 금액이면 빌려준다" 이렇게 정리가 되더라고요. 나와 가깝지 않다고 생각되는 사람이 돈 빌려 달라는 부탁을 하면 그냥 거절할 거예요. 하지만 내게 정말 중요한 친구고 나와의 깊은 관계에 있는 사람이라면 내가 돌려받을 생각 안 하고 빌려줄 거예요. 그럼 제 마음도 편하고요. 그렇게 서로에게 신뢰가 있는 관계는 서로 또 배려를 하게 되니까 그런 관계가 제일 건강하고 오래 가는 것 같아요. 어느 한쪽이 일방적으로 희생을 하는 거는 한계가 있으니까요.

서밤 저는 희생이더라도 그게 선택이면 괜찮은 것 같아요. "나 희생할 거야. 넌 그 정도 가치가 있어" 뭐 이렇게요. 그런데 그 선택이 안 되는 상황일 때가 미묘한 것 같아요. 어떤 선택을 내려야 될지 모르는 상황일 때가 그래요. 다른 분들은 그런 미묘한 상황들 없으셨어요?

이혜진 직장 내에서 다른 사람의 지적 바운더리를 받아들여야 할 경우도 좀 미묘한 상황인 것 같아요. 책에서는 자기 아이디어가 무시당하거나 과소평가되는 상황, 혹은 누군가가 다른 사람 앞에서 나를 비하하게 되는 상황에 대한 해결책으로 무례하지 않게 반대 의사를 표현할 수 있다는 부분이 나오잖아요. 그런데 직장에서의 이런 상황이라면 딱히 반대 의사를 표현할 방법이 없는 것 같더라고요. 저는 한 번도 이걸 직장에서 감히 시도할 생각조차 하지 못했어요. 그렇지만 직장에선 분명히 미묘한 순간들이 여러 번 생기거든요. 근데 이게 저만 이렇게 말 못하고 끙끙거리는 건지 아니면 일반적인 건지 궁금해요. 다들 이런 걸 실제로 적용해 보신 적이 있으세요?

최새봄 책에 다양한 예시가 있잖아요. 저도 혼자 일하기 전에 직장생활했던 거 생각해 보면 이런 상황은 매일 당했던 것 같아요. 그리고 거기에 그렇게 반발할 생각은 못 하고 그냥 그렇구나 하고 견디는 게 전부였어요. 게다가 저는 회사생활을 한 3년 정도 하면서 막내 시절만 보내느라 더 그랬던 거 같아요.

오알록 말씀하신 게 공감이 갔던 게 저도 제가 먼저 자기주장하는 스타일이거든요. 전에 이직을 했었는데 거기가 가족 회사였던 거예요. 처음에는 그게 문제인지 모르고 그냥 좋았어요. 왜냐면 그쪽에서 나를 원해서 스카우트했으니까, 좋은 데라고 막연한 기대감이 있었거든요. 근데 급여 명세서를 안 주는 거예요. 그래서 그걸 또 제가 먼저 요청해서 얘기했어요. 그랬더니 그 회사를 5년 다녔던 선배들이 "네가 얘기해줘서 고맙다" 이러는 거예요. 여기는 대체 어떤 곳이지? (일동 웃음)

거기서 이런 일도 있었는데요. 저랑 같이 입사한 동기들이 다 도망가면서 저 혼자 남았거든요. 그런데 다 똑같이 받아야 할 수당 같은 게 있었고 동기들은 다 받았는데 저한테는 입금이 안 된 거예요. 한참이 지나도 아무 얘기가 없어서 어떻게 된 일인지 물어봤어요. 솔직하게 내부사정으로 조금 늦게 입

금될 거라 미안하다고 얘기해주면 괜찮거든요. 그렇게 큰 금액도 아니었고요. 그런데 제가 물어보니까 "네가 서운했구나" 이런 식으로 얘기하니까 듣기 거북하더라고요. 서운한 문제가 아니라 어떻게 된 상황인지 구체적인 이유를 이야기해 줬어야 한다고 생각해요. 회사의 목적은 '같이 일하기 위해 모인 것'인데, '서운했냐'는 말은 저를 함께 일하는 동료로서 존중하는 것이 아니라 마치 떼쓰는 아이를 달래는 것처럼 여겨졌거든요. 저는 열심히 부딪히면서 회사를 다녔어요. 이렇게 나의 권리를 주장하는데 그것이 잘못된 것인 것 마냥 문제를 축소시키려는 모습이 바로 미묘한 순간인 것 같아요. 주변에 상식적이고 건강한 사람들만 있으면 그런 노력을 안 해도 되는데 지배형인 사람들은 터무니없는 요구를 하면서 나의 바운더리를 너무 짓누르려고 해요. 문제는 이런 사람들이 자기 지배형 인간이라고 이마에 써 붙이고 다니는 게 아니잖아요. 그래서 그걸 빨리 알아차리고 바운더리를 스스로 지켜내는 일이 중요한 것 같아요. 이 사람들이 바운더리를 침범할 때 미리 예고를 하고 들어온 게 아니잖아요. "앞으로 당신의 경계를 침범하겠습니다. 기대하세요." (일동 웃음)

이정화 어느 순간 갑자기 확 치고 들어오기 때문에 그런 영역에 대해서 먼저 바운더리를 명확히 설정해 두는 게 중요할 거 같아요.

서밤   저는 반응하지 않는다는 게 좋은 선택인 것 같아요. 우리가 권력관계에서 아래에 있을 때는 적극적인 반응을 하는 게 리스크가 굉장히 클 때가 많거든요. 그래서 웃지 않는 것만으로도 메시지가 될 수 있다고 하더라고요. 내가 이상한 이야기를 들었을 때 무표정한 얼굴을 짓는 것만으로도 좋은 대응이고 선택인 거 같아요.

바운더리를 지키는 나만의 방법

서밤   책에서 보면 보통 이러한 문제점들을 쭉 설명하고 해결책은 아주 쥐꼬리만하게 조금 제시하는 경우가 많잖아요. 그래서 우리는 나름의 해결책을 속시원하게 제시해 본다는 의미로 마지막 파트로는 바운더리를 지키는 데에 어떤 도움이 되는 방법들이 있을지를 얘기해 보면 어떨까요? 솔직히 책에는 한계가 있거든요. "그 말은 좀 무례하신 것 같네요" 이런 이상적인 말들이요. 한국 직장생활에서는 할 수 없는 이야기들이 많잖아요. 그래서 정말 우리의 삶 속에서 바운더리를 지킬 수 있는 연습들, 기술들이 무엇이 있는지 각자의 경험을 바탕으로 나누어 보면 좋을 것 같아요.

최새봄   저는 회사에서 조직생활을 하다 나오면서 내가 그 안에서 제일 불편했던 게 뭘까를 생각해 봤을 때, 습관처럼 말하는 '감사합니다', '죄송합니다'가 먼저 떠오르더라고요. 그래서 퇴사하면서 결심했어요. '진짜 감사할 때만 감사하다고 말하고, 진짜 죄송할 때만 죄송하다고 말해야지' 우리는 습관처럼 이모티콘 붙이듯이 그런 말을 하는 경향이 있잖아요. 그렇게 말하면 분위기를 부드럽게 해주고 애매한 상황을 적당히 피하게 해주잖아요. 무엇보다 그게 편하니까요.

그런데 이제는 조직에 있지 않으니까 그런 말은 정말 그렇게 느끼는 경우가 아니면 하지 않기로 했어요. 그래서 지금은 좀 더 개운해진 것 같아요. 물론 지금도 무의식 중에 습관처럼 나올 때가 있는데, 그럴 때마다 잠깐 멈추고 다시 생각해보는 거예요. 정말 감사함을 느끼고 있나? 업무적으로 이메일을 주고받을 때도 메일 끝에 그냥 '감사합니다' 이렇게 쓸 수 있잖아요. 그렇지만 딱히 이 상황이 내가 감사한 상황도 아니고 그저 업무적인 내용의 이메일이라면, 저는 그냥 '좋은 하루 보내세요' 이렇게 써요. 그건 내 진심이니까요. 저는 이런 방식으로 자신의 감정과 표현을 일치시키려고 노력했던 게 도움이 많이 됐어요.

서밤 저도 코칭할 때 고객분들한테 말씀드리는 게, '고맙습니다' 대신 '그렇군요'를, '죄송합니다' 대신 '유감이네요'라는 표현을 하도록 연습시켜요. 저도 사실 굉장히 공격적인 사람이거든요. 예전에는 진짜 오만 사람들과 다 싸우고 다녔던 것 같아요. 특히 업무적으로 저의 바운더리를 침범한다 싶으면 극단적으로는 계약을 엎으려고 하고 그랬어요.

근데 제가 바운더리를 지키는 데 도움이 되었던 건 오히려 다른 사람과 서로의 바운더리가 다를 수 있다는 거를 이해를 하고 설득하는 과정이었어요. 사실 저 사람이 내 바운더리를 침범한 건 바운더리라는 게 있는 것 자체를 몰라서 침범할 때도 있잖아요. 저는 외주 협력을 많이 하는데, 예전에는 제가 업체 쪽으로 콘텐츠 콘티를 보내고 거기에서 피드백을 주는 걸 창작자로서의 저의 바운더리를 존중하지 않는 행위로 받아들인 적도 있어요. 왜냐하면 그때는 제가 초보 창작자였고 저의 바운더리가 굉장히 허술하다고 생각했으니까 작은 침범에도 못 참겠는 거예요. 이제 어느 정도 자리가 잡히고 나서는, 그런 피드백이 저를 침범하려는 게 아니라는 걸 알게 됐어요. 좋은 콘텐츠를 만들기 위한 공동의 목표가 있는 상황인 거니까요. 사실 갈등이 많이 일어날 때가 보통은 협력을 할 때잖아요. 그때 우리의 공동의 목표가 무엇인지 다시 한번 새겨보면서, 나의 바운더리는 여기까지라는 걸 미리 얘기하고 갈등이 있는 상황에서 상대를 설득하는 게 중요해요.

저는 이 책을 읽으면서 새삼 저의 과거 행동을 돌아보게 되더라고요. 과거의 내가 피해를 입은 것이 꼭 누군가 가해자가 있어서 내가 피해를 본 것만은 아니라는 생각을 하게 됐어요. 그러니까 무 자르듯이 상대를 나쁘다고 단정 짓고 선을 긋는 게 아니라, 내 상황을 충분히 설명한 후에 상대방에 대해서 판단해도 괜찮다는 거예요.

이혜진   저는 질문을 좀 바꿔서 이야기를 나눠보고 싶어요. 책 내용 중에 사람들이 바운더리를 지키는 데 도움이 된다고 착각을 하는 것 중의 하나가 '잠적'이라는 대목이 나오더라고요. 저는 잠적이 제 바운더리를 지키는 데에 도움이 되는 방법이라고 생각을 했어요. 최근에 직장에서 부당한 일을 겪고 휴가를 길게 냈어요. 직업상 그렇게 휴가를 길게 내면 안 되는데도요. 이 업계에선 그렇게 행동하면 안 되는 거 잘 알고 있지만, 일종의 수동 공격의 표현 방식으로 쓸 수 있는 최대한의 법정 휴가를 다 써 버린 거예요. 제가 이런 식으로 길게 휴가를 내면, 따로 제가 표현을 하지 않아도 자기들이 잘못한 거에 대해 스스로 깨달을 거라 생각했어요. 그런데 책에서는 그렇게 잠적을 해버리는 게 건강한 바운더리가 아니라고 설명을 하더라고요. 그래서 앞으로 그런 잠적의 방법을 바운더리라고 착각하면 안 되겠다는 깨달음을 얻게 됐어요.

홍의미   이 책을 읽으면서 가장 인상에 남았던 부분은 비행기를 탔는데 사고가 났을 때 내가 산소마스크를 써야 위기에 처한 다른 사람을 도와줄 수 있다는 걸 기억하라는 저자의 명쾌한 인생처방전이었어요. 나의 마음을 먼저 알고 나부터 나를 챙겨야 나도 남을 챙길 수 있는 에너지가 있는 거잖아요. 저는 이게 이 책의 핵심이라고 생각해요. 나의 바운더리를 만드는 것도 자신의 내면의 목소리를 잘 들어야 가능한 거잖아요. 그렇게 자기만의 경계를 만들어가는 게 중요하다는 생각이 들었어요.

최새봄   책에서 보면 나를 대할 때 내가 되고 싶은 사람의 마음으로 자신을 대하라는 식으로 코칭하잖아요. 저는 그 부분이 좋았어요. '나는 이런 사람이 되고 싶어'라고 생각하는 것과 '나는 이런 사람이야'라고 생각하는 게 차이가 크다는 얘기잖아요. 저는 그 말이 좋더라고요. 내가 어떤 사람이고, 어떤 사람이 되고자 하는지를 명확히 알면 그다음에 누군가와 관계를 설정하는 일은 오히려 수월한 거 같아요. 항상 제일 어려운 건 나 자신인 거 같고요. 이제껏 나 자신으로 살았지만 내가 나를 가장 알기 어렵고 또 계속 변하니까요.

차주원   만약에 독자님들이 바운더리에 대해 조금 헷갈리고 어떻게 해야 되는지 모르겠다면 먼저 내가 언제 어떤 상황에서 편안하다고 느끼고 어떤 상황에서 불편함을 느끼는지를 먼저 알면 좋을 것 같아요. 좋은 관계가 있다면 이 사람과의 관계는 왜, 어떤 면에서 좋은지, 불편하다면 왜 그런지를 생각해보면서 바운더리를 만들어가는 거죠. 특히 바운더리를 설정할 때 사소한 부탁부터 하면서 나의 의사 표현이 받아들여지는 경험이 생기고 그렇게 경험을 쌓아가면서 점점 자신의 바운더리에 대한 명확한 표현이 가능할 거라고 생각해요.

오알록   저는 지금은 그림 그리고 글 쓰고 하는 게 너무 재미있어서 집에서 일 생각하는 것까지도 재밌거든요. 근데 스트레스 받으면서 일을 했을 때는 그 경계를 명확하게 했었어요.

집에 가는 지하철에서 '오늘 내가 어떤 것 때문에 기분이 나빴는지' 그래서 '내가 어떻게 대처했는지' 쓰면서 내가 이상적으로 생각한 대처 방안에 대해서 고민하는 거예요. 그러면 그다음 날 정리가 어느 정도 되더라고요. 그리고 집에 가서는 일부러 그 문제는 생각 안 하려고 다른 쪽으로 주의를 돌렸어요. 일부러 분리를 시켰죠. 사실 그런 일에 시간 쓰는 것도 아깝잖아요. 내가 화났던 부분에 대해 집에 들어가서 또다시 생각한다는 게 시간과 에너지가 너무 아까웠어요. 그런 생각이 들어서 제 나름대로의 방법을 찾았던 거예요.

이미리내 저는 거절할 땐 항상 제 입장을 설명했었어요. 사정이 있으면 알려주지만, 그냥 하기 싫을 땐 뭐라고 말해야 할지 난감하더라고요. 그래서 상대가 납득할 수 있도록 그럴듯한 핑계를 댔었어요. 그런데 바운더리 개념에 따르면 특별한 이유를 제시하지 않고 거절해도 괜찮다는 거예요. 그리고 책에서 재밌었던 게, 편식을 하는 아이가 이 음식은 먹지 않겠다고 밝히는 과정이 바운더리 표현이라고 하더라고요. 어릴 때부터 골고루 먹어야 한다는 말을 듣고 자랐는데, 편식을 이런 시각으로 볼 수 있다는 게 신선했어요. 전 이 책을 통해서 바운더리는 긍정뿐만 아니라 부정의 표현으로도 이루어져 있단 걸 배웠어요. 그래서 앞으론 어떤 감정이든 좀 더 솔직하게 말해야겠다는 생각이 들어요. 아무리 좋은 것일지라도 마음에 들지 않으면 그만이라고요.

이정화　저는 책 읽으면서 느꼈던 게 이런 바운더리 설정을 관계 초반에 하는 게 확실히 편한 거 같더라고요. 이미 관계가 오래 지속되고 잘못된 경계가 형성이 된 상태에서 나중에 뜯어고치려고 하면 한 번에 되지 않는다는 거를 인지를 하게 되잖아요. 그럼 또 여러 번 시도를 하고 이 사람이 여러 번 저항을 할 거를 각오하고 관계 재설정을 해야 되는 것 같아요. 예를 들어서 이 사람이랑 만난 지 얼마 안 된 상황이라면 관계 설정을 미리 하겠지만, 알고 지낸 지 한 3년 된 직장 동료 같은 경우엔 중간에 바운더리를 설정하고 고치려 든다면 상대가 굉장히 경계할 거예요. 또 제 요구를 한 번에 알아 듣는 경우도 없었던 것 같아요. 항상 못 들은 척하고, 다시 똑같이 진지하게 말해서 상대방도 알았다고 했는데 다음 날 되면 언제 그랬냐는 듯이 또 제자리인 거예요. 그러면 굉장히 화가 나거든요. 그러니까 제 상식선에는 '내가 분명히 이렇게 말했고 자기도 이렇게 말했는데 왜 아무렇지 않게 다시 이러지?' 어떻게보면 좀 저도 순진했던 것 같아요. 한 번 말했으니까 알아듣겠지. 근데 책을 읽으면서 사례들을 보니 '사람이란 게 그런 존재가 아니구나. 걔만 그랬던 게 아니구나' 많은 사람들이 그렇다는 걸 깨닫게 됐어요. 관계 재설정하는 게 힘든 과정이고 여러 번 지난한 노력을 필요로 하는 일이라는 생각을 하게 됐어요. 그래서 중간에 관계를 다시 설정을 할 거라면 충분히 각오를 해야 해요. 그래서 관계 설정은 초반에 하는 게 제일 중요해요.

손주연 저는 책을 읽으면서 바운더리를 적용하는 과정을 세 단계로 생각해 봤어요. 첫째는 생각하는 과정이 필요하다고 생각해요. 내가 원하는 게 뭔지, 이 선택이 어떤 결과를 불러올 지에 대해 충분히 숙고하는 거죠. 두 번째 단계는 숙고한 내용을 전달하는 방식에 관한 고민이에요. 유머러스하게 할지, 카톡을 할지, 전화로 할지 등 하우(how)를 고민하는 과정이에요. 그리고 마지막으로는 자신의 선택과 방법에 따라 실천하려고 끝없이 노력하는 거예요.

서밤 저는 그 하우를 정할 때 본인의 권력을 인지하는 게 진짜 중요하다고 생각해요. 왜냐하면 제가 처음 리더가 됐을 때 제 권력이 어느 정도인지 모르겠더라고요. 저의 정말 작은 말이 이 사람한테 너무 큰 말로 들릴 수 있다는 거를 모를 수 있거든요.

배현정 '나는 그런 뜻이 아니었는데' 하면서요.

서밤 그러니까요. "그냥 시간 되면 밥 같이 먹어요"가 상사가 말하는 거랑 친구한테 말하는 거랑 완전 다르잖아요. 그래서 그 톤앤매너를 정할 때 나의 권력을 정확하게 인지하고 있는 게 중요하다는 생각이 들었어요.

손주연 그걸 인지하는 일이 쉬운 게 아닌 것 같아요. 내 수용

능력과 이런 영향력을 인지한다는 게 경험이 없으니까 잘 모르겠더라고요.

서밤 그러니까 바운더리는 보이지 않는 선이지만, "보였으면 내가 했지!" (일동 웃음) 눈에 안 보이니까 부딪히면서 알아갈 수밖에 없는 거예요.

김혜진 그래서 신뢰가 필요해요. 바운더리가 보이지 않기 때문에 바운더리의 성장 과정도 보이지 않잖아요. 하지만 오늘과 내일의 내가 다르게 성장하고 있는데 말이죠.

손주연 근데 바운더리를 설정하려면 이 마인드가 가장 기본인 것 같아요. '내가 느끼는 감정과 내 생각은 내가 지금 느끼는 게 맞다'라고 생각을 해야 이렇게 주장을 할 수 있어요. 내가 불편하다는데.

김혜진 가장 기본적인 단계가 스스로 불편함을 느끼는 것이라고 생각해요. 내가 원하는 게 무엇인지 아는, 자기 이해가 제일 먼저인 거 같아요. 불편하다는 것을 알아야 내가 내 바운더리를 지킬 수 있는 주장을 할 수 있다는 생각이 들어요. 불편한 것을 표현하지 못하면 내 바운더리를 지키기는커녕 더 무너뜨리는 결과를 불러올 수 있어요.

저는 회사에서 조직생활을 하다 나오면서
내가 그 안에서 제일 불편했던 게 뭘까를 생각해 봤을 때,
습관처럼 말하는 '감사합니다', '죄송합니다'가 먼저 떠오르더라고요.
그래서 퇴사하면서 결심했어요. '진짜 감사할 때만 감사하다고 말하고,
진짜 죄송할 때만 죄송하다고 말해야지'

김형준　그걸 어느 정도로 표현하는 게 적절하고 때로는 표현하지 않는 게 더 나을 수도 있다는 걸 판단하는 게 참 어려운 일인 거 같아요.

김혜진　그런 이유로 시행착오를 겪더라도 표현하는 과정이 필요하다고 생각해요. 시행착오를 겪지 않으려고 표현하지 않으면 결국은 그 적절한 표현 방식을 알 수 없으니까요.

서밤　표현을 일단 해봐야 표현하지 않은 것 중에서 선택을 할 수 있죠.

생활에 적용하기

나의 바운더리를 지키는 방법

① 바로 대답하지 않아도 괜찮아요! 누군가 나의 바운더리를 침범했다고 느꼈을 때 바로 '적절하고', '세련된' 대처를 하지 않아도 괜찮습니다. 1초라도 생각할 시간을 버는 것이 필요할 수 있어요. 예를 들어 '잠시만요', '잠깐 생각해보고 대답해도 될까요?'라고 응대하거나 혹은 잠깐 침묵하는 것도 방법이 될 수 있습니다.

② 지금 내가 어떤 기분인지 느껴봐요! 상대의 말과 행동이 나에게 어떤 감정을 일으켰나요? 화가 났나요? 아니면 불안했나요? 어떤 상황에서 느껴야 한다고 정해진 감정은 없어요. 검열없이 나의 감정을 관찰해봐요.

③ 느끼는 것을 모두 표현하지 않아도 괜찮아요! 감정을 느낀다고 모든 감정을 상대에게 표현하지 않아도 괜찮습니다. 우리는 느낀 감정에 대해 얼마나 표현할 것인지 선택할 자유가 있어요. 내가 상대에게 얼마만큼 표현하고 싶은지는 온전한 나의 결정입니다.

④ 표현하고 싶은 만큼 표현하기! 내가 느끼고 원하는 것들을 나의 상황에 맞게 표현하는 연습을 해봐요. 물론 어떤 상황에서는 나를 보호하기 위해 원하는 말을 모두 하지 못할 수도 있어요. 그래도 괜찮습니다. 관계는 상대와 내가 만들어가는 것이니 모든 것을 내 탓을 할 필요는 없습니다. 다만 내가 나를 지키기 위한 표현을 연습해보는 건 좋은 시도라고 생각합니다.

관계에서 자기표현을 할 때 기억하면 좋을 원칙들!

① 나는 관계에서 나의 생각, 감정, 욕구를 표현할 자유가 있다. 이 표현을 위해 상대의 허락을 받지 않아도 된다.

② 상대 역시 나의 허락이 없어도 자신의 생각, 감정, 욕구를 표현할 자유가 있다.

③ 건강한 자기표현이 가능한 관계는 나와 상대 모두 생각, 감정, 욕구를 표현할 자유가 있다는 것을 인정하는 관계이다.

④ 우리는 모두 싫은 것에 대해 싫다고 이야기할 자유가 있다.

2장

공감:
경계를 넘어 만나는 타인의 마음

함께 읽은 책
《공감의 시대》
프란스 드 발 지음, 최재천, 안재하 옮김, 김영사

핵심 개념 이해하기

공감

공감이란 다른 사람의 감정에 대해 이해를 뜻하는 심리학 용어로서, 타인의 감정에 대한 정서적, 인지적 이해와 공명을 의미하는 개념이다. 이는 공감이란 단어가 '안에서 느낀다'(Einfühlung = ein(안에) + fühlen(느끼다))라는 어원을 갖는 것을 보아도 알 수 있다. 공감은 때론 동정이나 연민과 같은 감정과 혼동하기 쉽다. 하지만 동정과 연민은 공감과는 다른 심리적 상태다. 동정은 타인의 고통에 대한 안타까움과 슬픔 등에 초점을 맞추어 상대의 감정을 이해하는 것이며, 연민은 타인의 고통을 경감시켜주려는 태도나 마음을 가리킨다.

공감의 요소

① 인지적 요소

타인의 관점에서 상황을 인식하거나 상상하여 상대의 감정을 이해하기 위한 인지적 숙고의 과정이다. 공감의 인지적 요소는 공감적 정서 또는 공감적 행동으로 이어질 수 있다. 공감의 인지적 요소에는 역할 취하기(타인의 역할을 취하여 수용하고 대안적 관점을 채택할 수 있는 능력), 감정의 재인(상대의 감정을 인지하는 능력), 조망 수용(타인의 관점을 이해하기 위해 상대의 관점에서 사건이나 사물을 보고 이해하는 능력) 등이 포함된다.

② 정서적 요소

공감에는 상대의 감정 상태를 대리 경험하는 것으로서의 정서적 요소가 있다. 공감의 정서적 요소로는 감정 공명(한 사람의 감정이 다른 사람에게도 똑같은 감정을 일으키는 것), 대리감정(타인의 정서와 완벽하게 일치하지 않더라도 그와 비슷한 정서를 경험하는 것), 공감적 관심(고통을 겪고 있는 타인에 대해 관심을 갖는 경향), 개인적 고통(타인의 불행이나 고통을 보고 마음이 불편해지거나 고통스러워지는 경향) 등이 있다.

③ 표현적 요소

공감은 내적으로 이루어진 공감을 외적으로 표현하는 것이기도 하다. 공감에는 언어적 반응과 비언어적 반응을 표현하는 표현적 요소가 있다.

공감 능력을 키우는 방법

좋은 공감을 하는 법
- 공감에 대한 성장 마인드셋 가지기: 공감은 노력을 통해 증진될 수 있다는 믿음 갖기
- 다양성에 노출되기: 다양한 대상에게 관심을 쏟고, 그들의 경험에 공감해 보기
- 소설을 읽기: 안전한 환경에서 공감을 연습해 볼 기회!
- 안전한 환경에서 연결감을 가지기: "나는 너에게 동의하지 않지만, 네가 어떻게 그런 관점을 가지게 되었는지 듣고 싶어"

- 차이점보다는 공통점에 집중하기: 특히 상대가 외집단이라고 느껴질 때!
- 질문하기: 비판단적 호기심을 가지고 상대에 대해 물어보기
- 나의 한계를 이해하기: 내가 공감하기 어려운 부분들을 알아차리기
- 내가 틀릴 수도 있다는 것 인정하기: 다른 가능성에 대해 열어놓기

공감 화법
- 인간 존중의 언어 사용: 상대를 신뢰하고 수용하는 태도로 말하는 것
- 감정 공유: 타인의 감정을 이해하고 공유하는 것
- 수용적 경청: 비판단적 태도로 상대를 수용하는 것
- 적극적으로 경청하고 반응하는 것: 피드백을 통해 상대의 생각을 이해하고 노력하는 것

나는 공감을 얼마나 잘하고 있을까?

공감 능력 자가진단 체크리스트	
나는 다른 사람의 말을 경청하는 데 능숙하다.	
사람들이 종종 자신의 문제에 대해 나에게 털어놓는다.	
나는 다른 사람들의 기분을 잘 파악한다.	
나는 다른 사람들의 기분에 대해 자주 생각한다.	
다른 사람들이 나에게 조언을 구하러 온다.	
나는 종종 비극적인 사건에 압도당하는 느낌을 받는다.	
나는 고통받는 다른 사람들을 도우려고 노력한다.	
나는 사람들이 정직하지 않을 때를 잘 알아챈다.	
때때로 사회적 상황에서 지치거나 압도당한다고 느낀다.	
다른 사람들을 깊이 배려한다.	
인간관계에서 경계를 설정하는 것이 어렵다고 느낀다.	

> 공감, 잘하고 있는 걸까요?

서밤   우리 오늘 공감에 대해서 이야기를 해볼 텐데, 저는 이 책이 심리학책이 아니라서 더 좋았던 것 같아요. 생물학적으로 이 책에서 말하고 싶은 게 결국 그거잖아요. 생물도 공감을 한다. 아마 이 책은 "인간을 포함한 생물계, 동물계는 본래 비정하다" 이런 문제 제기에 반박을 하고 싶었던 거 같아요. 동물도 동물적인 차원에서 공감을 하고요. 인간도 당연히 공감이 중요한 동물이라는 것들을 얘기하고 싶었던 책이었던 것 같아요.

    그래서 저는 오늘 심리학적인 측면에서 공감을 많이 얘기해 볼까 해요. "나는 공감을 잘하고 있을까?" 항목들을 먼저 볼게요. 오늘 만남에서는 공감을 실천하는 방법이 무엇일지, 그리고 우리 중에 공감을 누가 제일 잘하는 사람일 것 같은지, 왜 그렇게 생각했는지 한번 이야기 나눠 보도록 할게요. 일단 좀 체크를 해보는 시간을 가질게요. 어떠세요? 이 체크리스트 읽어보니까 본인은 공감을 잘하는 사람인 것 같나요?

최새봄   저는 선택적 공감력이 높은 것 같아요.

서밤   내집단에 대한 공감이군요.

최새봄   책에서도 그런 얘기가 나오는데 나랑 깊은 관계인 사람한테만 훨씬 공감을 잘한다. 저는 제 바운더리 안에 있는 사람들한테는 공감을 굉장히 잘하는데 그 외에는 좀 조심스러워하는 것 같아요. 비극적인 사건에 압도당한 느낌일 때 더 그래요. 예를 들면, 인터넷 뉴스 같은 건 내가 보고 싶지 않아도 우연히 보게 될 때가 많잖아요. 근데 저는 글을 보고 시각화를 즉각적으로 하는 편이거든요. 특히 뉴스에는 안 좋은 일이 훨씬 많이 나오잖아요. 비극적인 사건 사고를 다루는 기사를 보면 그 장면이 곧바로 연상이 돼서 무섭고 두려울 때가 있어요. 기사의 사실 여부와 상관없이 그 느낌 자체가 주는 인상 때문에 아무래도 더 예민하게 반응하고 조심하게 되는 거 같아요.

서밤 요새 미국에서 하이리 센스티브 퍼슨(Highly Sensitive Person)에 대한 조명이 높아지고 있잖아요. 타인에게 공감을 하지 못하는 사람 중 극단적인 부류로 나르시시스트와 사이코패스가 있는데, 그 반대편에 있는 극단적인 사람들을 엠패스(Empath)라고 해요. 이 사람들은 타인에게 공감을 잘해서 지나치게 예민하고, 이 사람이 무슨 감정을 느끼는지, 어디가 아픈지 이런 것들이 다 느껴진다는 거예요. 그래서 엠패스들은 사람 많은 곳에 가면 너무 많은 정보들을 받아들여서 금방 지치고 소진된다는 거예요. 이런 부류의 사람들은 오히려 어떻게 자신만의 공간을 확보할 것인가에 대해서 많이 이야기를 하더라고요. 새봄 님에게도 그런 공감의 성향이 있으신가 봐요.

최새봄　근데 또 저는 한편으로는 굉장히 무관심하기도 하거든요. 어떤 사람들은 저한테 벽이 있다고 느끼기도 하고, "너는 너밖에 모른다"라고 말하기도 해요. 그래서 이거 읽으면서 그 부분이 재밌었어요. 공감이라는 게 단순히 어떤 사람은 공감을 잘한다, 어떤 사람은 공감을 못 한다로 나뉘는 게 아니라 그 안에서도 다양한 층위가 있다는 내용이 흥미로웠어요.

홍의미　지난 10.29 이태원 참사 때 특히 충격을 많이 받았어요. 참사 당시 현장 사진이 여과 없이 SNS에 돌아다녔거든요. 그때 장면들이 아직까지도 남아 있어서 지금도 많이 힘들어요. 어떻게 하면 이러한 사회적 참사가 되풀이되지 않을 수 있을지 혼자 고민하기도 하고요. 물론 타인에게 공감하는 일은 좋지만 너무 과도하면 일상생활이 무너질 수 있어요. 예전엔 주변에서 저한테 고민 상담을 요청하거나 하면 조언도 많이 해주고 같이 걱정해 주고 했거든요. 그렇지만 지금은 예전만큼 전력을 다하지는 않아요. 제가 감당할 수 있는 선에서만 공감해 주고 도와주는 거죠. 그래서인지 요즘 사람들이 저한테 MBTI에서 T냐고 물어봐요. 사실 관심이 없고, 내가 궁금하지 않은 사람한테는 저도 공감해 주고 싶지 않아요. 저는 사실 F거든요. 굳이 내 인생에서 중요하지 않은 사람들에게 감정을 소비하고 싶지 않을 뿐이에요.

이정화　저는 직전에 만났던 사람이 너무 우울하고 힘든 사건들이 많은 사람이었어요. 그 사람은 성격도 예민하고 섬세한 스타일인데, 자기 힘든 일이 있을 때마다 여과 없이 그걸 저한테 말하고 공감을 요구했어요. 저는 그때마다 위로해 주고 공감해 줬는데, 이게 반복되니까 저도 힘들고 우울해지는 거예요. 어느 순간에 제가 좀 현타가 오더라고요. '내가 왜 내 일이 아닌데 같이 고민해 줘야 되지?' 이런 생각이 드는 거예요. 어느 순간 내가 고민해 주고 공감해 준다고 해서 뭐가 바뀌는 것도 아닌 것 같은 거예요.

그리고 한편으로는 자기 힘든 얘기를 저한테 무작정 쏟아내는 것도 저에 대한 예의는 아니라는 생각도 들었고요. 어떻게 보면 제 바운더리를 침범당한 일이거든요. 아무튼 너무 힘들어서 그 사람과는 결국에는 헤어지게 됐어요. 그 이후로 심리 상담을 지금도 계속 받고 있는 중이에요. 한번은 제가 상담 선생님에게 제 자신을 공감을 못 하는 스타일이라고 얘기했었거든요. 근데 상담 선생님 말로는 "아니다. 정화 씨는 기본적으로 수용적이고 공감적인 사람은 맞는 것 같다. 그런데 감정을 적당히 차단하고 나를 지켜내는 바운더리가 조금 약한 것 같다"라고 말씀을 하셨어요. 그래서 지금 그 문제에 대해서 계속 진지하게 고민하고 있어요. 그러다 보니 지금은 나에게 과도하게 위로나 공감을 요구하는 거에 대해서 적당히 컷 하면서 공감을 선택적으로 하는 방법을 기르고 있어요.

차주원   저는 사실 MBTI 검사하면 T가 100퍼 나오는데 사람들 만나서 T라고 얘기하면 다들 놀라요. F인 줄 알았다고요. 제 친구는 저한테 "너는 태생은 F인데 T로 자란 것 같아"라는 말을 하더라고요. 저는 누군가가 고민이 있을 때 T처럼 조언이나 해결책을 제시하는 편인데, 한편으론 상대의 얘기를 잘 들어주기도 하거든요. 그리고 공감도 잘하는 것 같아요. 얼마 전에 친한 친구가 4년 연애 끝에 헤어졌는데, 저한테 헤어진 날의 스토리를 말하면서 하염없이 우는 거예요. 남자애였는데 정말 드물게 우는 모습을 보여주길래 저도 같이 울었거든요. 너무 슬퍼서. 근데 저는 고등학교 때까지는 확실히 T였어요. 다른 사람에게 전혀 공감을 못했거든요. 자기만의 세계가 너무 뚜렷해서 제 삶에서 저만 생각하면서 살았던 것 같아요. 주위를 잘 못 살피고요. 근데 고등학교 때 엠패스 같은 친구를 만났는데, 이 친구가 저도 못 느끼는 제 감정에 공감을 해주는 거예요. 제가 표현도 자세하게 안 했는데도요. "나도 그 기분 알 거 같아!"라고 공감을 해주는 친구를 만나서 타인의 감정 읽어주기와 사회성을 많이 기르고 공감하는 법을 배웠어요.

서밤 정말 좋은 친구다.

차주원 태국에서 친했던 친구들도 다 F였고, 계속 공감하는 연습을 하다 보니까 지금은 F화가 많이 됐어요. 다른 사람들은 아무렇지 않게 생각하는데, 저 혼자 저 사람 불편할 거 같고, 기분 안 좋은 거 같다고 느끼는 거예요. 요즘은 타인의 감정에 대해 지나치게 예민해져 있는 느낌이 들어서 걱정이 돼요. 좀 쉽게 휩쓸릴 것 같아서요.

서밤   혜진 님은 어떠세요?

이혜진   저는 사실 다른 분들 말씀을 대체로 공감을 못하면서 듣고 있었거든요. 왜냐하면 저는 오히려 공감을 하기 위해서 애쓰는 사람이에요. 저는 예전에 불면증을 겪은 적이 있어요. 정신과에 4개월 정도 다니면서 약을 먹었었거든요. 그때 의사 선생님이 살면서 힘든 문제가 뭐냐고 물어본 적이 있었는데, 제가 그때 이야기한 게 공감이었어요. 그 정도로 공감은 저한테 어려운 숙제 같아요. 그런데 여기서 체크리스트를 보니까 10개 중에 6개는 제가 그래도 해당이 되더라고요.

근데 해당이 안 되는 것들은 키워드가 '기분'에 대한 거예요. 남의 감정의 결을 잘 못 읽는 거예요. 최근에도 같은 직업을 가진 사람들과 저녁을 함께 먹었는데, 술이 들어가면서 저한테 좀 섭섭했던 얘기가 나오더라고요. 제가 상대의 감정의 결을 잘 못 읽어서 있었던 일들이었어요. 제가 옛날에 최루성 연극을 보고 눈물을 흘린 적이 있었다고 하니까 사람들이 아무도 안 믿었던 적도 있었고요. 아까 T는 F가 될 수 없는데 F는 T가 될 수도 있다는 얘기 하셨잖아요. 제가 예전에 대학에서 MBTI를 했었을 때 T가 높게 나왔었는데 최근에는 T가 많이 깎였거든요. 완전히 F가 된 거는 아니지만 노력을 하면 엄청 차이가 났던 게 조금 좁혀지긴 하더라고요. 저는 여전히 공감은 잘 못 하는 사람이지만 지난 수년간 많이 지적을 받아온 것들이 있기 때문에 일부러 영화 같은 걸 찾아보면서 감정을 읽고 공감하는 노력을 많이 하면서 요즘엔 어느 정도 공감력이 좋아진 것 같더라고요.

오알록 저는 얘기 들으면서 너무 공감됐던 게 저도 완전 T였거든요. 근데 지금은 사람들을 많이 만나면서 사회화가 많이 됐어요. 그리고 막내 동생이 굉장히 공감을 잘해요. 때로는 막내 동생이 저와 사람들이 소통하는 모습을 보고 상대방의 입장에서 어떤 마음이었을지 알려주기도 해요. "이럴 땐 이런 얘기를 해줘야 된다", "그 사람은 이런 얘기를 듣고 싶어서 얘기를 하는 거다" 등등. 그래서 동생을 통해서 배우는 것이 많아요. 그리고 시간이 지남에 따라 사람들을 많이 만나면서 경청하는 것만으로도 충분히 공감할 수 있다는 것을 알게 되었어요. 상대방이 말하고 있는 그 맥락 안에 숨은 핵심 키워드를 짚어주었을 때, 그때 공감을 많이 받았다는 말도 들을 수 있었고요. 사람의 감정이라는 것이 대체로 복합적인 모양을 하고 있다보니 말로 설명하기가 어려운데요. 맥락 안에 숨은 키워드를 파악할 수 있게 되면 감정적인 리액션을 풍부하게 하지 않더라도 '충분히 공감하고 있다'는 메시지를 상대방에게 전달할 수 있는 방법인 것 같아요. 물론 그러기 위해서는 상대방의 말을 충분히 경청해야겠지만요!

그리고 제가 이 책을 읽고 몇 가지 줄 친 거에 대해서 블로그에 글을 썼었어요. 근데 '구슬님'(블로그 독자 별명)이 대답하시기를 "나도 공감을 많이 하고 싶고, 받고 싶은 사람인데 그러면 이 책을 보면 배울 수 있겠다" 하셔서 이 책은 그런 책이 아니라 동물들 공감 능력을 실험하고 그런 거에 대한 사실관계를 엮어서 만든 책이라고 반복해서 설명을 해드렸었어요. 그런데 어느 순간 '내가 이걸 잘못 적었나' 이런 생각이 들더라고요. 내가 뭔가 좀 결이 다르게 접근을 했나 싶었어요.

이미리내 저는 공감에 익숙한 편이에요. 요즘엔 더욱이 공감을 쉽게 하는 것 같아요. 사람들을 자주 만나고 깊게 교류하면서 자연스레 상대 입장을 헤아려 보게 돼요. 왜냐하면 그들을 아끼는 만큼 더 알아가고 싶으니까요. 그들이 미처 말하지 않은 부분까지도 말이죠.

김혜진 우리가 이 책에서 읽었던 것처럼 공감은 타고나는 부분들이 많이 있죠. 그런데 저자는 그렇지 않은 사람도 있고, 가정환경에 따라 달라지거나, 성인이 되어서 공감 능력이 바뀌기도 한다고 하잖아요. 그 부분이 공감이 갔어요. 저도 살아가면서 자기 자신에 대해서 고민하고 바라보는 시간이 많았어요. 어린 시절엔 다른 사람보다 나를 생각한 시간이 훨씬 많았고 나를 중심으로 생각하고 표현했어요. 그런데 다른 사람들과 많은 접촉을 하고 내가 좋아하는 사람들이 많아지면서 그

친구가 자기 이야기를 하면서 "내가 기분 나빠하면 이상한 걸까?"라고
물어보면, 저는 "네가 기분 나쁘면 나쁜 거지" 이렇게 얘기를 해줘요.
딱히 위로를 해주지 않아요.

사람에 대해서 이해하고 싶은 시간들이 늘어날 때 가장 필요한 점이 경청이라는 생각이 들었어요. 그래서 남의 이야기를 잘 듣기 위해 노력을 많이 했어요. 저도 잘 듣는 사람이 되고 싶은데 전 할 말이 너무 많아요. (일동 웃음) 쉽지 않지만 노력하게 되었죠. 상대방의 이야기를 마음으로 집중해서 끝까지 듣는 것이 공감의 시작이었어요.

이미리내 가장 많이 경청하는 직업이 심리 상담이지 않나요?

김혜진 네. 그러니 얼마나 힘들었겠어요? (일동 웃음)

서밤 저는 정말 공감을 못하는 사람이었는데요. 제 이야기를 들려드리기 전에 공감의 4가지 단계에 대해 짧게 설명해 볼게요. 공감의 4단계의 첫 번째는 상대의 정서 상태를 관찰하고 알아차리는 거예요. 저 사람이 '슬프다', '기쁘다', '좋다' 이런 걸 알아차리는 거죠. 그리고 두 번째는 상대의 정서 상태에 대해서 올바르게 해석하는 거예요. '저 사람이 지금 이러이러한 이유들 때문에 이러이러한 감정을 느끼고 있구나' 세 번째는 상대방과 같은 감정을 느끼는 거고, 네 번째가 그 감정에 대해서 반응하는 거예요.

그런데 저는 두 번째와 세 번째가 잘 안 돼요. 그러니까 상대의 정서 상태에 대해서 올바르게 해석하는지 잘 모르겠고, 같은 감정을 느끼는 단계가 저한테는 빠져 있어요. 왜냐하면 저희 엄마가 정말 미묘한 아스퍼거 증후군(사회적 상호작용과 비언어적 의사소통에 어려움을 겪는 사람)이 있어요. 저희 엄마가 완전 뼈공대거든요. 그래서 광고나 영화를 잘 해석을 못해요. 영화를 볼 때도 스토리를 보시는 게 아니라 풍경을 많이 보세요. 그러다 보니 두 인물 간의 함축적 의미를 잘 해석하지 못하세요. 그런 엄마 밑에서 자라서 저도 감정이라는 것 자체가 너무 어려웠어요. 그래서 유튜브에 나온 인터뷰 영상들을 보면서 사람이 말하는 말과 감정 표정을 일치시키려는 노력을 굉장히 많이 해요. '저 표정이면 저 감정이구나', '저런 감정일 때는 저런 표정을 짓는구나' 이런 의식적인 훈련들을 했죠. 그런데 제가 공감을 잘하는 것처럼 보이는 첫 번째 이유는, SNS에서 그림일기를 통해서 제 감정을 설명하는데 사람들이 자기감정을 공감받았다고 생각하는 것 같아요. 그리고 둘째로 저는 굉장히 리액션을 잘해요. 리액션을 진짜 잘하거든요. 근데 그게 꼭 같은 감정을 느껴서는 아니에요. 그냥 지금 이 리액션이 나와요. 그래서 아마 그 두 가지 때문에 공감을 잘한다고 오해를 하시는 것 같은데, 저는 사실 앞에서 사람이 울면 '우는구나. 슬프겠지' 이런 느낌이라서 공감을 진짜 이모셔널하게 하지는 못한다고 생각해요.

김혜진   큰 장점을 갖고 계세요. 리액션이 좋은 거, 이게 바로 공감이지요.

배현정   저도 비슷해요. 어떤 사람이 감정을 느낀다고 해서 그 주파수가 같아지지는 않는 것 같아요. 제가 되게 공감형은 아니긴 한데 저한테 이야기를 하러 오는 가까운 친구들 보면 제가 편견 없이 거울처럼 얘기를 해서 그런 얘기를 듣고 싶다고 하더라고요. 친구가 자기 이야기를 하면서 "내가 기분 나빠 하면 이상한 걸까?"라고 물어보면, 저는 "네가 기분 나쁘면 나쁜 거지" 이렇게 얘기를 해줘요. 딱히 위로를 해주지 않아요. 오히려 사람들에게 물어봐요. 어떻게 느끼고, 어떻게 생각했는지. 공감이 필요한 상황이 아니라고 생각되면, 굳이 먼저 나서서 같이 울어주고 하는 그런 타입은 아니에요.

이미리내   아까 서밤 님께서 공감에는 4단계가 있다고 하셨죠. 저는 가끔 스스로에 대해 공감의 1단계부터 막힐 때가 있어요. 타인의 시선을 눈치 보기 때문이에요. 그런 이유로 현정 님 같은 사람에게 고민을 말하는 게 편할 때가 있어요. 자신의 감정을 제대로 인지하는 경험을 하게 되니까요. 여기서 공감, 나아가 위로까지 받는 게 아닐까요?

> 당신에게 공감을 처방합니다

서밤   그렇다면 살면서 공감이 필요했던 순간이 언제였는지에 대해서도 한번 이야기를 나누어 보면 좋을 것 같아요.

이혜진　제가 스스로를 이기적인 사람이라고 생각하는 이유가 남한테는 잘 못 해주는데 남으로부터는 많은 공감을 받고 싶어 하는 것 같거든요. 책 서문에 최재천 교수가 공감을 잘 못 하는 사람으로 박근혜 전 대통령을 언급했어요. 남의 아픔에 잘 공감을 못한다고 말했던 걸로 기억하거든요. 그러니까 공감이 특별히 필요한 순간이라면 제가 기쁠 때 공감해 주는 것도 좋긴 한데, 살면서 괴롭고 아플 때 타인으로부터 공감을 받으면 굉장히 위로가 되고 에너지를 받게 되더라고요. 반대로 저 역시 누군가 힘든 상황일 때 공감해 주려고 애쓰는 게 중요하다고 생각했어요. 앞서 이태원 참사 말씀하셨는데, 얼마 전에 제가 이태원 참사가 발생했던 곳 근처로 미술 전시를 보러 갔었거든요. 뉴스에서 많이 보셨겠지만, 추모 공간이 있는 곳은 한산하고, 홍대처럼 유동인구가 많은 곳은 북적거리는 곳이에요. 어쨌든 저는 클럽 가려고 한 게 아니라 그 근처 미술관에 있다가 지나가는 길에 추모를 하고 싶어서 찾아갔거든요. 그런데 거기 계신 분들이 자식이 죽어서 자신들이 직접 제작한 꽃을 사람들한테 무료로 나눠주려고 하는데 아무도 눈길을 주지 않고, 언론사 카메라들만 추모 공간을 비추고 있는 거예요. 제가 공감은 잘 못 하는 사람이지만, 그 사람들이 이렇게 외면받고 있는 상황이 눈에 밟혀서 일부러 살갑게 다가가서 많이 받아왔어요. 다른 분들 주겠다고 하면서요.

홍의미　저는 그때 일정이 있어서 못 갔는데 저도 공감이 필요할 때는 이태원 참사 같은 사회적으로 위로가 필요한 때인 것 같아요. 어떤 사회적인 문제가 생겼을 때 외면하지 않고 공감을 보여주는 게 중요하다고 생각해요. 이 사회가 붕괴되지 않으려면 개인의 바운더리를 잘 지키면서도 사회적인 연대나 공감이 조금 더 많이 필요하다고 생각을 하거든요. 그런데 그게 점점 사라지고 있는 것 같아요. 극심한 빈곤에 처한 사람을 도와주는 일을 두고도 자본주의 사회에선 불평등이 있는 게 당연하다고 얘기하는 것처럼요. 개인의 안위에만 몰두하는 게 위험하다고 생각해요. 이번 이태원 참사 때도 그런 걸 많이 느꼈거든요. 특히 언론이나 SNS에서 놀러 간 사람들 잘못이라는 식으로 몰아세우는 걸 보고는 확실히 문제라고 생각했어요. 나 역시 그런 사고에 얼마든지 휘말릴 수 있는데, 놀러 간 사람들이 잘못이라고 선을 긋는 건 건강한 사회의 모습이 아니잖아요. 이제 조금 넓게 생각을 하게 되더라고요.

이정화　요즘 사회적인 불평등도 심해지고 삶이 각박해지다 보니까 사람들이 10.29 참사라든가 팔레스타인과 이스라엘의 전쟁 같은 일들에는 관심을 끊는 것 같아요. 너무 피곤하고 거기에 공감하기는 힘들다고 생각하니까요. 물론 비극적인 사건들에 너무 몰입하다가 본인이 힘들어져서 거리를 두고 싶은 마음은 이해는 하지만요. 그래서 전 그럴수록 혜진 님처럼 가시적으로 지지나 연대를 보여주는 게 정말 큰 힘이 될 수 있다고 생각해요.

서밤 공감 못 하는 사람도 다 쓸모가 있다니깐요. (웃음)

이혜진 그날 해밀턴 호텔 옆에서 일어난 일이잖아요. 해밀턴 호텔 대형 전광판에 추모한다는 메시지가 크게 나온 걸 제가 찍어서 카톡 프로필 사진에 올렸어요. 그랬더니 그걸 회사 선배가 보고는, "데스크에 정치적으로 극우 보수 성향인 분들이 많으신데 굳이 긁어 부스럼을 만들어야겠냐? 당장 바꿔라" 이러는 거예요. 반박을 하고 싶은데 명분을 잘 못 찾겠는 거예요. 결국 그냥 급하게 화제를 돌렸죠. 저는 연대를 표현하면서 뿌듯함을 느낀 거였는데, 누군가는 제가 그 일로 당할 수 있는 불이익을 걱정해 주고 공감해 준 거였어요. 좀 요즘 말로 현타가 온다고 해야 되나. 씁쓸함을 좀 느끼기도 했고 그랬던 것 같아요.

오알록 저도 요즘 공감이 꺾이는 것 같다고 생각한 게, 제가 이 책을 블로그에 올렸더니, "공감이 중요하다는 거 알겠지만 우리가 사는 이 시대는 너무 흉흉해서 공감할 수가 없는 사건들이 너무 많다. 그 사람의 마음이 뭔지 난 공감할 수가 없다" 사람들이 이렇게 댓글을 달아주시더라고요. 그래서 저도 그 댓글을 곰곰이 생각하다가, "모든 인간이 공감 능력을 갖고 태어나지만, 성장환경 때문에 공감 능력이 낮아진 경우에는 그 사람들에 무관심했던 사회도 잘못이 있는 게 아닐까" 그런 식으로 답글을 달았어요. 물론 잘못하는 사람이 너무 많지만 그 사람을 그대로 내버려둔 사회의 잘못은 어떻게 교정을 할 것인지에 대한 생각으로 또 이어지게 되더라고요.

서밤 공감의 어두운 면에 대해서 생각해 볼 수 있을 거 같아요. 2차 세계대전 당시에, 이 책에서도 그런 말이 나오잖아요. 공감을 잘하고 좋은 아버지였던 사람들이 다른 사람들을 잔혹하게 학살을 했다. 그런 결정을 내리고 실행했던 사람들도 어떻게 보면 공감을 잘하는 사람들이잖아요. 공감을 잘하는 사람들인데 행동은 연대하지 않는 방향으로 간 거죠. 그래서 저는 오히려 '2차 세계대전 당시에 공감을 살짝 못했던 사람들이 오히려 옳은 일을 하지 않았을까'라는 생각도 해요.

최새봄 여기서 감정적인 부분과 인지적인 부분이 있다고 했잖아요. 근데 인지적인 부분이 더 앞서는 사람들이 옳은 공감을 선택할 수 있는 힘이 있다는 생각이 들어요.

작년에 있었던 일인데, 제가 출근하는 지하철 에스컬레이터에서 할머니 두 분이 오시다가 한 분이 넘어지신 거예요. 저는 빨리 걷던 중이었는데, 뒤에서 무슨 소리가 나서 보니까 할머니께서 거꾸로 넘어지셔서 머리에서 피가 나고, 다른 분은 너무 놀라서 어쩔 줄 몰라 하시는 거예요. 그런데 어디서 나타났는지, 젊은 남자분이 막 뛰어와서 할머니를 바닥에 눕히는 거예요. 저는 바로 119에 전화해서 위치를 알려드리고, 또 역무원분이 급하게 내려와서 상황을 정리하셨어요. 생면부지인 사람들이지만, 할머니를 돕기 위해서 각자 노력을 한 거거든요. 저는 119가 도착하는 걸 보고 그냥 떠났고요.

그런데 그때 당시에는 내가 공감, 아니면 이 상황이 어떻다는 걸 인식하는 것보다는 그냥 반사적으로 몸이 움직인 거예요. 돌이켜보면 그렇게 나를 움직이게 했던 기저에는 공감이 있을 수 있겠다는 생각이 들어요. 왜냐하면 그 당시에 들었던 생각이 '저렇게 다친 사람이 할머니가 아니라 내가 될 수도 있고 우리 가족이 될 수도 있다'였거든요. 만약 그런 순간이 왔을 때 길을 지나가던 모르는 사람이 당연히 내가 오늘 한 것처럼 나를 도와줄 거라고 믿고 싶잖아요. 그 믿음을 위해서 나도 그렇게 움직인 게 아닐까, 그런 감정이나 연결이 있는 사회가 건강한 사회로 유지될 수 있지 않을까 생각해 봤어요.

책에서도 침팬지들이 내가 털 골라주면 쟤도 날 해줄 거라고 믿는 애를 해준다고 나오잖아요. 인간도 비슷한 거구나. 공동체 구성원들끼리 암묵적으로 갖고 있는 신뢰감 같은 게 견고한 사회가 어떻게 보면 안정감을 더 주는 것 같아요. 가게 밖에 유모차를 두고 볼일 보는 이야기가 그렇죠. 신기했거든요. '이게 대체 말이 돼?' 사회적 신뢰가 바탕에 깔려 있는 곳에서는 그게 가능한 거예요.

서밤   공감이라는 게 개인적 관점과 사회적 관점이 서로 떨어져 있는 것 같이 보이지만 저는 그 둘이 하나의 결이라고 생각해요. 이 책에서도 그렇고 뇌 과학자들도 그렇고 우리가 우리 자신에 대한 정보를 처리하는 뇌의 영역과 타인에 대해서 정보를 처리하는 뇌의 영역이 그렇게 다르지 않다고 얘기하잖아요. 근데 우리가 공감을 못하는 거는 어쩌면 그 상황에 대한 감정의 팔레트가 없기 때문에, 즉 상상력의 범위가 좁기 때문이 아닌가 라고 생각해요.

그래서 저는 공감에 대한 다양한 문헌들을 찾다가 공감이 되었던 말이, "공감이란 똑같이 고통받는 자(sufferer)가 되는 게 아니라 돌봄을 줄 수 있는 사람(caregiver)이 되는 것이다. 그게 진정한 공감이다"라고 하더라고요. 그래서 솔직히 "팔레스타인 너무 가슴 아파, 안 볼래" 이거랑 "가슴은 안 아픈데 후원하겠다". 여기서 저는 후자가 더 나은 공감이 아닌가 하고 생각을 했거든요.

이 사람 혹시 싸이코패스 아니야?

서밤 이번에는 반대로 공감하고 싶지 않은 때에 대해서도 대화를 해 보면 좋을 것 같은데요. 저는 공감의 대척점에 있는 개념이 비공감이 아니라 '혐오'인 것 같아요. 그래서 쟤네들은 왜 저럴까 싶은 혐오세력들, '남성연대나 일베, 인종차별주의자, 성차별주의자처럼 약자를 혐오하고 대놓고 조롱하고 비웃는 사람들을 내가 공감할 수 있을까?' 하는 생각을 해봤어요. 물론 공감과 동의는 다르죠. 맞아요. 근데 공감한다면 어떻게 공감할 수 있을까, 그런 생각을 많이 해요. 이게 저의 맹점인 것 같아요. 혐오세력들이 시간이 지나서 그냥 다 사라져야 끝나지 않나? (일동 웃음) 바뀔 수 없어!

이미리내   요즘 우리나라에서 아직도 논의 중인 게 개 식용 문제잖아요. 그런데 개 식용을 금지하자는 이야기가 나오면, "그러면 소는? 돼지는? 식물은? 다른 것들은 먹으면서 왜 개는 안 돼?" 이렇게 대답하는 사람이 있어요. 저는 개를 동물권의 상징적인 존재로 볼 수 있고, 이를 시작으로 다른 식용 가축들의 환경을 개선하는 방향이 지금으로선 적절하다고 생각해요. 이 부분에 대해선 진지하게 고민할 부분이 많은데, 딴지 거는 식의 반응은 논의 자체를 차단해 버리니까 대화를 시작하기 어려워요.

김형준   그런 부분에서 저는 공감을 하기 위해선 집단이 아닌 특수한 개인에게 집중해야 한다고 생각해요.

서밤   저 "한 사람".

김형준   그 한 사람은 자신의 신념을 얻기까지 자신이 속한 집단 안에서 고군분투했을 거잖아요. 어떤 신념이나 믿음이 집단 안에서 강화되기도 하고 약화되기도 했을 거고요. 그래서 우리가 진정 누군가를 이해하고 공감하려면, 개개인의 서사를 들여다볼 수 있게끔 특수한 개인에게 집중하는 게 좋다고 생각해요. 집단으로 뭉뚱그려버리면 개인의 특수한 상황을 놓치게 되거든요.

서밤 그 얘기 들으니까 생각나는 게, 임영웅이나 송가인 같은 트로트 가수들 노래가 유행하면서 태극기부대가 많이 줄어들었대요. 그러니까 태극기부대 집회에 가는 사람들이 이념도 이념이지만, 무엇보다도 그렇게 자신의 존재를 확인하고, 같이 있는 그 연결감을 되게 중요하게 여겼다는 거죠. 저도 그런 사람들에게 공감해 보자면, 아마 그런 사람들은 고립되어서 혐오를 기반으로 한 연대를 통해서 자신의 연결감을 확인하고 싶어 하는 사람들인 것 같아요. 잘못된 집단에 들어가서 자신이 틀렸다는 것을 인정하고 또 다른 사람의 의견을 존중할 만큼의 강한 자아는 없는 사람들이죠.

김혜진 저도 그렇게 생각해요. 자기 불안을 방어하려는 목적으로 더 세게 나가고 싶은 거죠. 나를 방어하기 위해 더 큰 집단, 더 센 집단을 찾는 거죠. 강력한 뭔가를 보여주는 집단이 있어야 나를 보호할 수 있다. 그러니까 그 집단에 들어가서 그 집단의 가면을 쓰고 그 안에 숨어 있으면 나는 안전하다고 느끼는 거예요. 일종의 안전망이죠. 그런 면이 있기 때문에 아까 말씀하신 것처럼, 우리가 집단으로 볼 때는 다 똑같아 보이니까 공감하기 어려운 거죠. 하지만 개인의 히스토리와 상황을 이해하려고 한다면 공감을 시작할 수 있게 되죠.

최새봄　아주 본능적이고 단순한 즉각적인 반응은 내가 불편하거나 위험해지거나 혹은 손해를 볼 것 같다는 신호나 느낌을 읽었을 때 본능적으로 거부반응 같은 게 생길 수밖에 없는 것 같아요. 근데 이제 거기서부터 선택을 하는 거죠. 어떤 사람은 그걸 넘어서서 그래도 다시 한번 공감을 해보겠다는 선택을 하는 거고, 또 어떤 사람은 몸을 사리는 거고요.

서밤　그래서 저는 공감을 억누르려는 사람들의 마음을 공감해 보자면 '그 마음은 대체 뭘까?' 하는 생각이 들어요.

이정화　그것도 있는 것 같아요. 좀 그런 사람들 있지 않나요? 조금 어린 20대 남자들에게서 많이 나타나는데, 자신은 공감하는 데 좀 약하다고 생각하는 사람들도 꽤 많은 것 같아요.

홍의미　혐오도 많은 것 같아요. 이태원 참사 때 심정지가 온 사람들을 응급 처치해야 하는 상황들이 있었잖아요. 그때 현장에서 그 장면을 유튜브로 생중계하는 영상에다 대고 일부 몰지각한 사람들이 댓글로 희생자분들 몸 평가를 하는 거예요. 바닥에 쓰러진 사람들 보고 얼굴하고 몸매 평가하고, 여성분들 응급 처치 해주면 나중에 성희롱으로 신고당한다는 말도 안 되는 댓글을 다는 사람들도 엄청 많았어요. 최근에 서현역에서 칼부림 사건이 났을 때 피해자를 구해주었던 게 10대 남학생 2명이었거든요. 어려운 상황에 처한 사람을 도와주는 건 당연한 일인데, 도와줬다가 나중에 성희롱으로 신고당한다고 여성혐오로 만들어버리면 정작 도움을 주고 싶은 사람들이 주저하게 돼요. 그래서 저는 점점 이 사회가 공감 능력의 부재 사회로 들어가고 있는 것 같다는 생각이 들어요. 근데 이런 징후가 저는 사회의 큰 붕괴로 이어질 것 같아요. 되게 불안하고 무섭거든요. '나는 절대 사고가 나지 않을 거야' 이런 마인드를 갖고 있는 거거든요.

배현정 보통 반사회적인 행동을 많이 하는 사람들이 콤플렉스가 다른 사람들에 비해서 많은 게 사실이잖아요. 자기가 만족을 느끼고 인정받는 경험을 해보지 못했기 때문에 나도 인정을 못 받았으니까 이렇게 해서라도 확인받고 싶은 거 같아요.

김혜진 아까 말씀하신 부분과 연결되네요. 여유가 부족해요. 저는 여유를 공간이라는 말로 많이 쓰거든요. 마음에 뭔가를 추가할 공간이 없는데 어떻게 누군가의 마음을 더 넣을 수 있겠어요.

이미리내 저는 한국 사회의 그런 성향이 일제강점기, 한국전쟁 그리고 외환위기처럼 세대 단위에서 큰 상처를 받았던 사건들의 영향 때문인 것 같아요. 트라우마가 치유되지 않은 채로 나라가 급격한 경제성장을 하다 보니 삶의 질이 금전적인 면에만 집중된 거죠. 사실은 내면의 문제 또한 다뤄야 함에도 불구하고 겉으로는 괜찮아 보여서 그저 외면한 건 아닌가 싶어요. 지금 충분히 살 만하니까 불편한 진실을 마주 하고 싶지 않은 거죠.

서밤 그래서 전쟁이 나면 그 트라우마가 3대에 걸쳐서 내려온다고 그러더라고요. 그리고 무엇보다도 자본주의 사회에선 성장을 위해 끊임없이 생산하고 소비를 하잖아요. 누구도 현재에 만족하지 않고 더 많이 돈을 써야 행복해진다고 하고요.

김혜진 "이만하면 됐어"라고 하면 성장하지 못한다고 생각하죠.

서밤 그렇죠. 명품백 들어야 되고 좋은 차 타야 되고 좋은 집 사야 되고. 그래서 만족하면 안 돼요. 또 자본주의 사회에선 연대하면 안 돼요. 노동자들이 공감을 하기 시작하면 연대를 하잖아요. 우리 모두가 다 연대한다고 생각해 보세요. 그러면 노동력 착취를 기본으로 굴러가는 자본주의가 더 이상 작동을 하지 않겠죠. 착취할 수가 없잖아요. 그래서 자본주의에서는 노동자들끼리 무조건 서로 싸우고 경쟁하고 누구 쇠사슬이 더 금색이고 반짝이는지를 경쟁해야 되는 사회예요. 그래서 기본적으로 우리가 받아온 교육과 이런 모든 시스템이 공감을 저해하는 요소가 될 수 있다고 생각해요.

김혜진　그래서 《이기적 유전자》같은 책이 나온 거고요.

서밤　그게 그래서 히트를 친 거죠.

김혜진　결국 인간은 이기적인 존재라는 것을 수용한 거죠. 《이기적 유전자》대다수가 읽어보셨다고 하잖아요.

서밤　유명하잖아요. 《공감의 시대》저자가 누군지 알아요? 하지만 리처드 도킨스 다 알잖아요. (일동 웃음)

김형준　다른 집단을 혐오하고 공감하지 못하는 사람들이 자기들끼리는 서로 공감하면서 똘똘 뭉쳐 있는 것도 신기해요.

배현정　그러네요. 모순이 있네요.

서밤　뭐야 자기들끼리 공감하나? "누구님, 오늘 페미니스트 만나서 너무 힘드셨죠?" (일동 웃음) 내가 속한 집단에만 공감하는 건가? 진짜 공감의 범위가 너무 협소한 걸까요?

김혜진　사회에서 인정받지 못하는 경우 집단에서 더 안정감을 느끼는 것 같아요. 집단 이기주의라고 할까요? 나도 그래도 되고, 너도 그래도 되고.

서밤 "우리가 맞아" 이러면서 합리화하면서 말이에요. 서로 애국지사처럼 추대해 주고, 그 안에서 만족감을 느끼면서 악순환이 반복되는 거죠. 그런 얘기 많이 하잖아요. 사회에서 결국 적응하지 못한 애들이 인터넷 가서 트롤짓 한다고. 근데 남편도 비슷한 얘기를 하더라고요. 남성우월주의인 애들이 남성인 것밖에 내세울 게 없다고. 자기가 가진 많은 특성들 중에 자기가 생각했을 때 학벌도 별로, 집안도 별로, 능력도 별로, 근데 내가 남자야, 그럼 이거 하나만 밀고 간다는 거예요. 그래서 저는 그 사람들이 당연히 잘못한 게 있지만, 무언가를 성취해야만 네가 가치 있는 존재라고 가르치는 문화에서 많은 혐오가 발생할 수 있다고 생각해요. "너는 너로서 충분해"라고 한다면 좀 더 여유가 생기지 않을까. 숨 쉴 구멍이 생기면 서로에 대해서 덜 폭력적이 되고 덜 혐오하지 않을까 라는 생각이 들었어요.

우리 함께 공감의 시대를 열어요!

서밤 공감 능력을 우리가 어떻게 기를 수 있을지 혹은 어떻게 실천할 수 있을지 같이 얘기해 보면 좋을 것 같아요. 저는 솔직히 수퍼비전(심리상담 등에서 감독자의 지도 하에 실습 수련을 하는 것) 받았을 때 좀 짜증 났었어요. 사실 저는 단순히 언어적으로 공감하거나 누군가의 마음속에 들어가서 "너 힘들겠다"라고 해주는 말보다는, "이걸 해결하기 위해서 무엇이 필요할까요?"라는 말이 진정한 공감이라고 생각하거든요.

이혜진 저는 오히려 너무 기본적인 게 잘 안 되니까 저한테는 타인을 위해서 시간을 내는 것 자체도 노력이거든요. 외로움을 상대적으로 잘 못 느끼는 사람이기도 하고요. 그래서 타인을 위해서 시간을 많이 내고, 또 제 직업적인 역량을 발휘해서 판단하지 않고 들어 주려는 노력을 해요. 정혜신 박사님이 쓴 책을 읽어보면 타인에 대해서 판단하지 않고 이것저것 많이 궁금해하는 일 자체가 공감을 위한 전제가 될 수 있다는 내용이 나오더라고요. 근데 저는 그 내용이 조금 헷갈렸던 게 타인에 대해서 이것저것 자꾸 물어보면 그게 오히려 조금 폭력이 되지 않을까 그런 생각도 좀 들었거든요. 그 밸런스를 어떻게 맞춰야 되는 건지 저는 그게 무척 어렵더라고요.

이미리내 저도 그 밸런스를 찾는 게 어려운데요. 데일 카네기의 《인간관계론》에서 그 답을 조금은 찾을 수 있지 않을까 싶어요. 상대방이 자신을 '중요한 사람'으로 느끼도록 하는 질문들이요. 개인적으로는 사실보단 생각으로 답변할 수 있는 질문이 좋은 것 같아요.

최새봄 그걸 잘 캐치해야 되는 것 같아요. 이 사람이 불편해하지 않는 질문이 뭘까? 저는 계속 새로운 사람을 매일 만나니까 만날 때마다 고민하면서 그런 질문을 많이 던지거든요.

상대방이 무엇을 좋아하고 어떤 때에 편하게 느낄까를 계속 생각하면서 질문하는 거예요.

그리고 꼭 공감이 없다고 해서 관계가 이루어지지 않는 것도 아니잖아요. 친한 친구 중에 한 명이랑 자주 대화를 하는데 서로 공감을 잘 못하는 게 많거든요. 근데 대화도 너무 재미있고 즐겁고 서로 좋아하면서 오래 관계를 잘 유지하고 있는 걸 보면 꼭 공감이 없다고 해서 그 관계가 잘못됐다거나 가짜라고 단정할 수는 없다는 생각이 들어요.

이정화   기대야 할 때는 기대는 것도 나쁘지 않은 것 같아요. 여기서도 그 평등의 개념이 있잖아요. 저는 그래서 제가 기대서 하소연하는 친구가 있으면, '나중에 내가 그에게 받은 만큼 나도 돌려줘야겠다' 이렇게 생각하거든요. '얘가 나중에 힘들다고 하면 엄청 잘 들어줘야겠다' 그런 주고받기가 친구들끼리의 연대이자 우정인 것 같아요.

서밤   맞아요. 제 석사 논문이 '온라인 대인관계'였는데, 친밀감은 자기 개방부터 시작하는 거라고 하더라고요. 자기 개방, 상대의 자기 개방, 공감 이렇게 친밀감이 형성된다고 하더라고요.

홍의미   말을 하지 않아도 옆에 있어 주고 힘이 되는 행동을 해주는 것만으로도 공감이 될 수 있어요. 그런 점에서 후원이

나 연대까지로 공감의 범위가 확장될 수 있는 거고요. 이태원 참사 유가족과 동일한 슬픔을 겪지 않더라도, 추모하기 위한 팔찌를 하나 받아오는 행위만으로도 그분들에게는 공감이 될 수 있고, 또 사회적으로도 좋은 영향을 끼칠 수 있다는 생각이 들어요.

최새봄 우리가 표현을 할 때 단어 두 개를 이렇게 쌍으로 묶어서 표현하는 말들이 있잖아요. 예를 들어, "공감과 지지를 보냅니다" 이런 말들. 지금 듣다가 드는 생각이 공감과 지지가 꼭 같이 갈 필요도 없는 것 같아요. 공감하지 않아도 지지해 줄 수도 있고 공감해도 지지는 안 할 수도 있는 거잖아요. 그 둘은 분리해서 써야 되는 단어가 아닌가.

홍의미 책에서도 공감에는 이기심과 이타심이 둘 다 들어 있다고 얘기하잖아요. 전 그 부분이 좋더라고요.

이정화 그래서 제가 아까 말한 것처럼 SNS에 순기능도 있지만 역기능도 있다고 했던 게 너무 노골적이고 직관적으로 다가오니까 공감하고 연대를 보낼 수 있는 그 여유가 오히려 안 생기는 것 같아요. 너무 자극적인 영상이니까 안 보려고 하는 사람들의 마음은 좀 이해가 가더라고요. 어떻게 그걸 참아보고 그 뉴스들을 읽겠어요. 이런 참사들을 여러 번 겪어왔고 무기력함을 많이 겪었는데. 그래서 어떤 때는 그냥 SNS를 덮어

두고 예전처럼 신문을 읽었던 시대가 오히려 차분하게 더 공감하고 지지를 보낼 수 있는 시대가 아니었을까 하는 생각도 좀 들기는 하더라고요.

서밤 저는 우리가 영상에 공감하는 게 아니라 스토리에 공감하게 된다고 생각해요. 우리가 정말 그 참혹한 영상을 보고 공감할 수는 없죠. 근데 그 한 사람 한 사람의 이야기를 들었을 때, 이 아이가 중학교를 졸업할 시기였다 혹은 아빠의 이야기를 들었을 때 바로 그 이야기에 공감한다고 생각하거든요. 그래서 SNS가 자극이 아니라 스토리를 좀 더 이야기한다면 우리에게 조금 더 많은 공감과 연대를 불러일으키는 방향으로 갈 수 있지 않을까 하는 생각도 들었어요.

이정화 요즘은 사람들이 너무 피로감이 극에 달해 있는 것 같기도 해요. 그런 스토리를 읽어내기도 힘들고요.

배현정 제 생각엔 공감을 위해서는 먼저 내가 여력이 있어야 된다고 생각해요. 내 기본 체력이 일단 있어야겠죠. 그리고 예를 들어서 공감의 상황은 아니지만, 누군가 힘들 때 힘내라고 말해줄 수도 있고 간식을 보내줄 수도 있죠. 이렇게 심리적이든 금전적이든 누군가에게 표현을 해준다는 건 제가 그만큼 여력이 있고 공감 능력이 있어야 가능하다고 생각해요. 바운더리 안에 있는 나를 가장 중요하게 생각하면서 타인의 고통

제 생각엔 공감을 위해서는 먼저 내가 여력이 있어야 된다고 생각해요.
내 기본 체력이 일단 있어야겠죠.

을 수용하고 공감을 하는 거죠.

홍의미 한편으로는 어떤 부분에 있어서 좀 약해진 것 같기도 해요. 본인의 감정에.

김형준 저는 자기 비난을 너무 많이 하는 사람들이 스스로를 탓하고 심지어 자신이 불안해하는 모습까지 욕을 하는 걸 종종 봤어요. 그래서 저는 주변에 그런 친구들이 있으면 자기 자신에게 너그러워지는 법을 알려주고 괜찮다고 얘기를 많이 해주고 다니거든요. 나 자신을 존중하면서 사랑하는 일도 참 쉽지 않은 일인 거 같아요.

배현정 자기 내면을 제대로 직시하지 못하는 사람이 많더라고요. 불안한 감정을 마주하는 일이 마치 나 자신의 나약한 모습을 보는 것만 같고요.

김혜진 우리나라 사람들이 부정적인 감정에 관대하지 못한 부분이 있다고 생각해요. 울면 안 된다는 노랫말처럼요. 부정적인 감정을 표현하는 것에 인색하고요. 부정적인 감정이나 생각은 건강하지 못하니까 인정하지 않는 것이 일반화 된 것 같아요. 그런데 부정적인 감정 역시 자연스러운 감정이지요. 삶에 행복이 있다면, 고통도 따르는 건 너무나 당연한 이치거든요. 불행이 있기 때문에 행복이 의미가 있고 더 소중한 것이죠. 그래서 저는 불안과 슬픔 같은 감정들에 대해서도 그와 관련된 감정들이 생기는 것에 대해 어릴 때부터 허용되고, 쉽게 표현할 수 있어야 한다고 생각해요.

최새봄 시대적으로 우리 모두는 각자의 트라우마 같은 걸 겪고 있는 것 같아요. 아무런 상처도 없고 아무런 트리거도 없고 완벽히 평화롭고 담담한 그런 존재는 이 시대에 존재할 수 없을 것 같은 느낌. 어떤 것에든 나의 어떤 괴로운 걸 떠올리게 한다든지 내 상처를 헤집는 무언가가 동시에 너무 많이 일어나니까요. 얘기하신 것처럼 다 같이 좀 약해져 있는 느낌이 있는 것 같아요.

서밤 그래서 제가 이번에 이태원 참사 관련해서 그림일기를 그릴 수 있었던 게 오히려 이렇게 공감을 많이 못했기 때문인 것 같아요. 저는 진짜 극T거든요. 그래서 인지적인 공감밖에 안 돼요. 근데 제가 생각해 봤을 때 그날이 이태원 참사 당일이었는데 SNS에 그 얘기가 없는 거예요. 너무 서운한 거예요. 내가 그 사람들이라면 혹은 나도 그 사건을 봤던 사람으로서 서운한 거예요. 그래서 이런 이야기가 있었으면 좋겠다. 저는 다양하게 공감하는 사람들이 필요하다고 생각했어요.

홍의미 정말 멋있는 거죠. 점점 자기 검열을 하잖아요. 내가 이런 이야기를 SNS에 올렸을 때, 나의 정치적인 성향을 내 카톡에 올렸을 때 내 주변 사람들은 어떻게 볼 것이며 내 모습을 어떻게 생각할까를 스스로 검열하게 되니까요.

이정화 《공감의 시대》의 작가도 자기가 인류를 통제할 수 있다면 공감을 확장하고 싶다고 말했는데, 요즘 기조는 오히려 공감이 축소되는 정반대 방향으로 가고 있다는 생각이 들어요. 정치적인 의견이나 이익이 다르면 공감을 표현하는 것조차도 억제하고 불이익을 주는 게 너무 당연시되니까요. 예를 들면 아까 말했던 것처럼 하버드 졸업생들한테 월가에 취직 못하게 하겠다, 이런 식으로 정치적인 의견을 묵살하잖아요. 그런 점에서 피로감도 있고 역기능도 있겠지만 SNS에 공감을 공개적으로 표현을 하고 연대를 하는 게 좋은데, 사람들이 눈치를 보고 공감 표현을 더 안 하게 되는 현실이 좀 안타까운 것 같아요.

서밤 결국에 공감이 우리의 본능이지만 우리가 시민으로서 해야 할 건 존중이에요. 제가 생각을 했던 게 욕심이 있으면 공감이 좀 안 되는 것 같아요. 그러니까 정말 옛날에는 우리 인간이 개체 수가 적고 먹을 것도 적어서 협력을 해야만 살아갈 수 있었는데 이게 잉여 자본이 축적이 되면서 뺏을 수 있는 것, 그러니까 더 가져갈 수 있는 것들이 생기잖아요. 그 과정에서 더 빈번한 싸움이 일어나고 저걸 가지고 오려면 타인을 무시해야 되니까 너의 생존이 중요한 게 아니라 나의 생존이 중요해지면서 나만 바라보게 되니까 그 욕심에서부터 좀 공감을 안 하게 되지 않느냐는 생각이 들었어요.

저는 또 한 번 느꼈던 게 자기 연민이 심한 사람 그러니까 나만 힘들고 타인은 보지 못하는 그런 타입의 사람들이 공감 능력이 없다는 인상을 많이 받았어요. 여혐 그룹이 특히 그렇거든요. "요즘 사회 정책들이 여자들 입학, 취업 다 좋게 해주면서 정작 남자들한테는 해주는 게 뭐가 있냐?" 하면서 불만을 쏟아내잖아요. 그런데 그들은 근본적인 문제를 고찰하지 않아요. '다 모르겠고 나만 불쌍해. 내가 제일 힘들고, 내가 혜택을 못 받으니까 문제야' 그래서 "자기 자비가 자기 연민 아니냐?"라고 이야기하시는 분들도 있는데 사실은 두 개념은 완전히 반대되는 개념이거든요. 자기 자비는 고통을 통한 연대예요. '나도 힘들고 너도 힘들겠구나' 하지만 자기 연민은 '나만 힘들다'에서 멈추고 말죠. 그래서 그 구분되는 개념을 잘 짚어주신 것 같아요.

생활에 적용하기

공감을 위한 적극적인 경청 방법 5단계

Step. 1 상대방의 입장 되어보기
- 공감을 통해 관계를 발전시키고 싶은 사람 선택하기
- 상대방이 되어 하루를 보낸다고 생각해보기
- 대화할 때 상대방의 입장에서 생각해보기

Step. 2 가정이 아닌 사실 확인하기
- 상대와 나눈 대화를 복기해볼 것
- 상대가 말한 것을 떠올리며 나의 가정이 사실일지 생각해보기

Step. 3 상대방에게 온전히 집중하기
- 상대의 이야기를 '잘 듣기'
- 내가 이해한 것이 맞는지 확인하고 넘어가기
- "저는 ~~ 이렇게 이해했는데, 제가 이해한 게 맞을까요?"

Step. 4 상대의 말을 명료히 하기
- 상대의 감정을 파악하고 대화에 반영하기
- 올바르게 이해했는지 확인하고 넘어가기
- "굉장히 속상하셨다는 이야기를 하신 걸로 이해했어요."

Step. 5 나의 말을 명료하게 하기
- 상대가 나의 말을 어떻게 이해했는지 물어보기
- "방금 제가 한 이야기가 어떻게 들리셨나요?"

3장

협력:
성숙한 관계를 만들어나가는 노력의 순간

함께 읽은 책
《협력의 역설》
애덤 카헤인 지음, 정지현 옮김, 메디치미디어

> 핵심 개념 이해하기

협력의 정의와 유형
갈등 상황을 조정하는 과정으로서의 협력은 갈등을 조정하는 상황과 그에 맞추어 요구되는 능력에 따라 네트워킹, 조정 활동, 합동 활동, 협력 활동의 4가지 유형으로 나누어 이해할 수 있다.

네트워킹(networking)
네트워킹은 상호 이익을 위해 정보를 교환하는 단계로서, 신뢰, 시간, 영역 공유가 많이 필요하지 않아 비교적 쉬운 편에 속한다. 세미나에서 의견을 나누는 일이 네트워킹의 대표적인 예다.

조정 활동(coordinating)
조정 활동은 상호 이익과 공동 목표 달성을 위해 개인의 활동을 어느 정도 조율하는 과정을 의미한다. 세미나에 다른 부서 사람들도 참여할 수 있게 일정을 조율하는 것이 조정 활동의 예시가 된다.

합동 활동(cooperating)
상호 이익과 공동 목표 달성을 위해 정보 및 자원을 공유하는 것으로서, 합동 활동은 조정 활동보다 더 공식적이며, 합동 활동의 단계에서는 개인 활동의 변화가 더 크게 요구된다. 서로 다른 두 부서가 함께 세미나를 여는 상황을 예로 들 수 있다.

협력 활동(collaborating)

협력 활동에서는 상당한 조직적 헌신, 높은 수준의 신뢰, 광범위한 영역 공유가 수반된다. 공동으로 하는 일을 더 잘하기 위해 서로에게 배우고, 서로를 도우며 가치에 대한 헌신을 보여주는 일이 중요하다. 세미나를 함께 주최한 후 각 팀이 협력하여 세미나에서 소개된 전략을 실행하는 것을 협력 활동의 사례로 볼 수 있다.

이상적인 협력의 모습

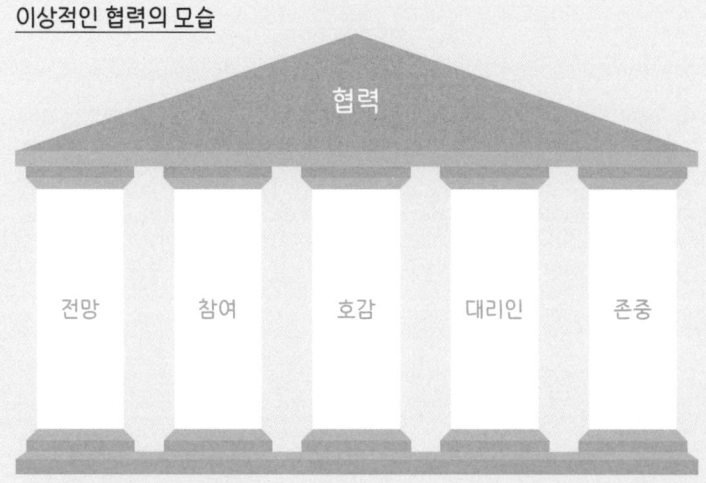

협력의 다섯 가지 기둥

① 전망(prospect): 협력 결과에 대한 기대

② 참여(involved): 참여에 대한 긍정적 인식

③ 호감(liked): 배제에 대한 혐오감

④ 대리인(agency): 갈등 국면에서 리더의 역할을 하는 사람

⑤ 존중(respect): 동료가 성실히 협업할 것이라는 긍정적인 인식

협력에서 필요한 논의들

공통의 목적이 무엇인가?
문제는 무엇인가?
문제에 대한 해결책은 무엇인가?
문제를 해결할 계획은 무엇인가?
계획을 실천하기 위해 누가 무엇을 해야 하는가?

<u>전통적 협력</u>
→ 모든 부분에서 합의가 필요함

<u>스트레치 협력</u>
→ 모든 부분에서 합의할 수 있는 것은 아님

스트레치 협력

스트레치 협력은 상황을 바꿀 수는 있지만, 일방적인 변화가 불가능하며 변화를 전적으로 통제할 수 없는 상황에서 필요하다. 전통적 협력과 달리 스트레치 협력은 결과에 대한 참여자들의 기대가 각기 다르며, 상대에 대한 호감과 신뢰가 없는 상황에서 협력을 해야 할 때 사용하는 방법이다. 스트레치 협력은 모든 부분에서 합의할 수는 없다는 점을 충분히 인정하고, 구성원들의 각기 다른 문제의식과 해결 방안을 적용해가며 조금씩 실험해 나가는 것이 특징이다. 이때 구성원들이 자신들 역시 문제의 일부라는 점을 자각하는 것이 중요하다.

스트레치 협력의 장점

스트레치 협력은 구성원 모두가 따라야 할 단 하나의 목표나 조정 없이도 협력이 가능하다는 장점이 있다. 따라서 스트레치 협력에서는 단 하나의 비전이나 로드맵이 반드시 필요하지 않다. 또한 스트레치 협력은 타인을 바꿀 수 없다는 것을 인정하는 방식의 협력이므로 다양한 갈등 상황에서 활용할 수 있는 이점도 있다.

> 협력에 대한 여러분의 생각이 궁금해요

서밤 모임을 본격적으로 시작하기 전에 이번 모임 책이 어땠는지 좀 간단하게 얘기를 나누어 볼까요?

최새봄 저는 책이 너무 와닿지 않았어요.

이정화 그렇죠? 나만 그런 거 아니었구나. (웃음)

최새봄 이 안에 들어 있는 내용은 읽으면 이해는 되는데 그 이해가 제게는 와닿지 않았어요. '이렇게 된다고?' 약간 이런 느낌? 저는 좀 그래서 이제까지 읽었던 책 중에 가장 힘들었던 책이었어요.

서밤 그래요? 다른 분들은 어떠셨어요?

이정화 저도 정말 힘들었습니다. 무슨 생각까지 들었냐면 '내가 삶을 잘못 살아왔구나. 아니, 갈등이 있으면 싸워서 쟁취하면 되지, 왜 협력해?' (웃음) 물론 진짜 이랬다는 건 아니고, 돌이켜 보니까 갈등이 있을 때 한 번도 협력을 해야겠다고 느껴본 적은 없었다는 걸 이 책을 보고 깨달았어요.

최새봄 좀 비슷하면서 다른 게 '나는 협력을 제대로 해본 적

이 없네' 약간 이런 깨달음? 당황스럽죠. 이렇게 훌륭한 사람들이 세상에 있구나. 나는 뭐지? (웃음)

홍의미   저도 언제 내가 협력을 하면서 생활해 본 적이 있을까 계속 생각해 보면서 읽게 되더라고요. 저는 저자의 마인드가 마음에 들었어요. 하나의 공통적인 목표가 중요한 게 아니고 팀에는 각자의 목표들이 따로 있고, 그 목표들을 개인이 이루려고 노력하다 보면 결국은 서로 협력하게 된다는 색다른 협력의 방법들. 그러니까 우리가 꼭 하나의 목표를 가지고 갈 필요는 없고, 각자의 목표를 어느 정도 성취하면서 나아간다면 그것이 협력이라는 게 정말 좋은 마인드인 것 같다는 생각을 했어요.

차주원   저도 책 내용엔 공감을 못 했는데요. 이게 너무 거시적인 관점에서 접근을 한다는 생각이 좀 들었어요. CEO나 대통령급이 되는 사람들이 할 법한 고민 같거든요. 사실 이런 상황에 처할 일이 얼마나 있을까 라는 생각이 좀 많이 들기는 했어요. 그럼에도 내가 아무리 이 세상에 같이 일하기도 싫고, 의견도 다르고, 신뢰도 없는 사람들이 많지만 공동의 목표를 향해 협력은 해봐야겠다는 생각을 좀 하면서 읽었습니다. (웃음)

서밤   좋습니다. 다른 분들은 어떠셨나요?

이미리내 이 책에서 가장 좋았던 점은 단일목표를 설정하지 않아도 목표 성취의 가능성을 제시해 준 점이에요. 저는 결과 중심적인 사람이어서 한때 목적지까지 직선으로 가야 하고, 과정을 덜 중요시했었어요. 그런데 책을 읽고 새롭게 든 생각은 협력하는 과정 자체를 결과로 여길 수 있겠더라고요. 또한 특정 시작점에서 종점까지 다양한 갈래의 길을 거칠 수 있으며, 새로운 종점에 도달할 수 있다는 거예요. 물론 그 방법이 구체적으로 나와 있지 않아서 아쉬웠지만요.

민수경 제가 이해한 바로는 이 책에서 협력은 '최대한 많이 대화를 하고 완전한 합의에 이르지 못해도 우선은 실천해라'라는 의미인 것 같아요. 회사에서도 제품을 빨리 만들어서 테스트하는 과정을 거치듯이 협력도 그렇게 하라는 걸로 이해했거든요. 그런데 저자는 협력이라고 말하지만 제가 통상적으로 생각하는 협력의 의미와는 조금 다른 것 같았어요. 일반적으로 협력은 하나의 목표와 방향을 정하고 모두가 그것에 맞추는 거잖아요.

오알록 평소에 제가 생각했던 협력은 같이 공동의 목표를 향해 나아가는 거였거든요. 그런데 책에서는 각자의 목표를 향해서 달려가는 것도 중요하다는 말이 나왔는데, 그 부분이 좀 와닿았어요. 사실 각국 리더들에 대한 얘기가 나오다 보니까 아무래도 붕 떠 있는 느낌이 들긴 했거든요. 그래도 책을 통해서 와닿았던 건 힘든 상대를 아예 피할 수는 없지만 내가 할 일만 집중해서 정확하게 하면 어렵지 않게 난관을 극복할 수 있다는 메시지였어요. 한마디로 우선 제가 할 일을 충실히 잘 하면 다른 사람들도 따라오겠다는 생각을 했어요.

서밤 저는 이번 책을 되게 흥미롭게 읽었거든요. 왜냐하면 실제로 제가 회사를 운영했을 때도 이런 경우가 되게 많았어요. 하나의 목표에 같이 협력할 수 없던 경우가 훨씬 많았거든요. 지금 제가 코칭 분야에서 일을 하고 있는데, 코칭 분야에서 가장 핵심적으로 떠오르는 주제가 갈등 관리에요. 그래서 저는 갈등 관리의 측면에서 이 스트레치 협력이 새로운 패러다임이 될 수 있겠다는 생각이 들어서, 저는 이게 맞다고 생각하면서 읽었거든요. 저는 이게 꼭 거시적인 관점뿐만 아니라 미시적인 관점에서도 쓰일 수 있는 방법이라고 생각했고 오늘 우리가 그런 얘기를 해보면 어떨까 해요.

손주연 저는 직전 직장에서 중재하는 일에 스트레스를 크게 받은 경험이 있어서 이 책을 처음 접했을 때 엄청 궁금했어요. '도대체 내가 몰랐던 협력이 뭘까?', '나는 실패했는데, 저자는 전문가니까 협력의 방법을 알고 있지 않을까?' 하면서 봤거든요. 근데 책을 읽고는 실망했어요. 저자는 협력 전문가잖아요. 책이 마치 저자의 커리어를 어필하기 위해 쓴 거 같은 거예요. 어떻게 협력해야 하는지에 대한 하우(how)가 나와 있지 않았어요. 그럼 어떻게 해야 돼? "나(저자)한테 연락해!" 이런 느낌이에요. 협력이 필요한 상황에서의 방법을 알고 싶은데 그게 구체적으로 나와 있지 않아서 많이 아쉽더라고요.

김혜진 저는 이 책이 협력에 대해서 열려 있다는 느낌을 받아서 무척 인상 깊었어요. 제가 카피라이터로 일했을 때에는 각자 다른 파트와 스타일의 사람들이 모여서 작업을 하는데, 의견 조율하는 일이 만만치 않거든요. 예를 들어 디자이너하고 기획팀은 생각하는 방향이나 작업하는 방식이 완전히 달라요. 저희 팀은 직급과 연차에 상관없이 자유롭게 아이디어를 나누면서 회의하는 역동적인 팀이었어요. 제시한 의견이 프로젝트 방향과 맞으면 이의를 제기하지 않고 수용하는 분위기였고요. 이 책의 저자인 애덤 카헤인이 말하는 협력에서는 서로를 존중하고 상대방을 있는 그대로 수용하는 일을 강조해요. 사실 수용이나 존중이 쉽지 않거든요. 전통적인 협력 방식에서는 모든 이들이 한 가지 목표를 향해 나아가고 누군가 희생하는 일이 불가피한데, 저자가 제시하는 방식은 일방적인 희생이나 배제는 피하고, 갈등을 끌어안고 함께 가는 것이거든요. 그런 과정에서 새롭고 창의적인 아이디어가 나올 수 있고요. 저는 저자가 제안한 방식이 더 미래지향적이고 가치 있는 협력이라고 생각해요. 지금 당장은 어렵고 원하는 결과가 나오지 않더라도 그다음을 위한 단계인 거죠.

배현정   저는 이 책이 재미있었던 건, 기존에 우리가 알고 있던 획일화된 협력의 틀에서 벗어나야 한다는 걸 강조한 점이에요. 100% 만장일치로 합의를 봐야만 한다는 강박관념을 깨야 하는 게 중요하다는 거죠. 모든 상황에서 반드시 협력을 해야만 하는 것도 아니고요. 그리고 이 책에서 남아공 이야기가 많이 나오는데, 제가 95년부터 98년까지 남아공에 살았었어요. 그래서 만델라와 사회적 협력과 변화에 관한 이야기도 많이 와닿았고요. 한편으론 우리나라를 포함해서 다른 나라 단체들이 중재하고 협력하는 다양한 사회적 변화의 사례들이 있을 거 같아요. 그런 점에서 책의 사례들이 던져주는 화두가 재밌었습니다.

갈등 시뮬레이션: 위기에 빠진 회사 구하기!

서밤   제가 오늘 협력이라는 주제를 이야기하기 위해 갈등 상황을 하나 준비해 왔어요. 저의 개인적인 일이었는데 제가 했던 사업이 결국에 왜 망했냐면 경영 악화 때문이었어요. 저는 이사로 물러나 있고, CEO분이 갈등 상황을 조정하게 됐어요. 경영 악화가 생겨서 직원분들을 전부 프리랜서로 일하는 계약직으로 고용 방식을 바꿨거든요. 저희가 영업 이익을 원래는 6대 4로 나눴었는데 5대 5나 4대 6으로 재조정을 하면 어떠냐? 코로나 때문에 경기가 너무 안 좋아지니까 나중에 경기가 좀 나아지면 다시 조정해 주겠다, 이렇게 조금만 어려운 상황을 같이 버티자고 협력을 제안한 거죠. 근데 그 안에서 엄청나게 분열이 일어난 거예요. 프리랜서 한 분은 나는 그렇게 못한다, 또 어떤 프리랜서는 나는 상관없다, 그러면서 이제 갈등이 일어난 거죠. 이처럼 어느 조직에 갈등 상황이 발생해 만약에 우리한테 "이런 갈등을 어떻게 해결하면 좋을까요?"라고 문의를 했을 때 여러분이라면 어떤 제안을 주실 것 같나요?

최새봄 저는 되게 단순한 생각이 드는 게 어차피 경영이 악화된 상황이라면, 함께 어려움을 헤쳐 나가기로 합의되는 사람들만 남기고 조직을 축소하지 않을까 싶네요. "나는 받아들일 수 없다" 하시는 분들을 설득하기보다는, 지금 떠나시고 혹시 나중에 원래의 조건으로 다시 운영할 수 있을 때 요청을 하면 그때 다시 와 달라, 우선은 그렇게 조치를 취하고 내보낼 것 같아요. 어차피 힘든 순간을 통과하려면 몸집이 작은 게 유리하기도 하고 버틸 수도 있을 테니까 그런 식으로 보수적인 선택을 할 것 같다는 생각이 들어요.

서밤 협력하지 않을 사람은 나가라. (일동 웃음)

최새봄 그렇게 말하지는 않겠지만! (웃음)

서밤 미안하다. 구조조정한다.

최새봄 네, 그럴 것 같아요.

이혜진 근데 그 경영상의 문제라는 게 돈 문제일 텐데, 그게 모든 구성원한테 다 투명하게 공개가 돼 있는 상황이었나요?

서밤 네.

이혜진 그럼 뭐 굳이 통보 같은 거 안 해도 자연스럽게. (웃음)

최새봄 침몰하는 배를 떠난다. (웃음)

서밤 그럴 수 있죠. 자연스럽게.

홍의미 저 같으면 직원을 다 모아놓고 이야기를 할 것 같아요. 누구나 다 심각한 상황이라는 걸 알고는 있지만, 그 상황이 그냥 공개가 되어 있는 것과 그걸 설명하는 일은 또 다르잖아요. 그래서 설명하는 거죠. 현재 상황이 이렇고, 앞으로는 이런 상황이 벌어질 것이다. 우리가 지금 같이 살아 남을 수 있는 방법으로는 이런 게 있다. 여러분들 의견은 어떠냐. 예를 들면, 다른 곳에서는 구조조정을 했는데, 나는 그러고 싶지는 않다. 다 함께 헤쳐 나갈 방안을 함께 마련하고 싶다. 이렇게 각자의 의견을 나누다 보면 어떤 대안이 나오지 않을까요?

김혜진   개인의 이익과 전체의 이익 중 하나를 선택해야 하는 상황이잖아요. 둘 중 어느 하나도 포기할 수 없는 거고요. 전통적인 협력이라면 전체의 이익을 위해 개인의 희생을 강요하게 될 수밖에 없을 거 같아요. 그렇다고 각자 다른 의견들 모두를 수용해서 좋은 결과를 내기도 어려운 상황이고요. 저는 이 일에서 대표가 상처를 많이 받은 거 같아요. 상담센터와 상담사들 간의 커뮤니케이션이 좀 더 원활하게 이루어질 필요가 있었을 거 같고요. 대표자가 현재 센터의 상황을 있는 그대로 얘기를 하고 상담사들도 여기에 어느 정도 공감하고 협력했어야 하지 않았나 싶거든요. 센터 수익이 줄어들면 결국 문을 닫게 되고, 그럼 상담사들도 자신들의 일자리를 잃게 되는 거잖아요. 그렇다면 센터가 문을 닫을 것이냐, 아니면 당장의 수익이 조금 줄어들더라도 센터와 일자리를 다 지킬 것이냐의 문제거든요. 그래서 협력이 중요하다는 생각이 들어요. 아마 이 경우엔 각자가 이해하는 협력의 의미와 방식이 많이 달라서 갈등이 더 심해지지 않았나 싶어요. 어느 한쪽이 반드시 희생하지 않아도 어떤 접점이 있을 수 있거든요.

서밤   이게 전통적인 협력 방식인 것 같아요. 그래서 저희 CEO도 이 방법을 선택했어요. 근데 결과는, 선생님들끼리 따로 단톡을 만들어서 "우리는 이거 할 수 없다" 이러면서 CEO와 갈등이 불거진 거죠. CEO도 너무 마음이 상했고요.

홍의미　너무 속상하셨겠다.

이혜진　근데 혹시 만약에 임금을 많이 줄 수 없다거나 뭐 이런 문제였던 거라면 C레벨 쪽에서 임금을 일부 자진 삭감을 한다든가 이런 쪽의 대안을 제시했을 때, 조금만 고통을 견디면 나중에 괜찮아지는 그런 상황이었던 거예요? 그런 게 아니라면.

서밤　미지수죠. 잘 될지 안 될지 모르는 상황이었던 거죠.

홍의미　근데 아마 그 프리랜서분들도 나중에 후회하지 않았을까요?

서밤　정말 물어보고 싶네요.

홍의미　왜냐하면 코로나가 생각보다 오래 갔잖아요. 근데 프리랜서라는 건 어떻게 보면 본인을 써주지 않으면 너무 힘들잖아요. 그래도 어떤 한 곳에 이렇게 소속되어 있으면 그 자체로도 버틸 수 있는 힘이 되는데, 그분들 중 몇은 후회하셨을 것 같다는 생각이 들어요.

서밤　협력하지 않았을 때 결국은 자신의 이득만을 생각하면 후회하는 결과를 낳을 수도 있다. 저도 그렇게 생각합니다.

하지만 알 수 없다.

최새봄　근데 그렇게 상담을 공부하시고 관계에 대해서도 많은 경험이 있는 분들도 막상 그 상황이 자기 일이 됐을 때는 그렇게 되네요.

이정화　당연하죠. 자기 삶은 또 다르니까요.

서밤　그러니까 이럴 때 CEO, 리더로서는 곤란한 것 같아요. 장기적으로 전체 이익을 생각하면 모두가 조금씩 희생하는 게 이익이라고 CEO는 생각하는데, 실제로 개인들은 단기적으로 손해를 보는 걸 견딜 수 없는 거예요.

이정화　이런 상황이 되면 괜찮다고 하는 사람도 있고 그렇지 않다고 하는 사람도 있을 거잖아요. 그러면 일단 저는 먼저 괜찮다고 하는 사람을 따로 불러서 이야기를 할 것 같아요. 어떤 점에서 괜찮다고 생각을 했는지 물어보면서요. 그래서 직원들이 어떤 감정을 느끼고 있고, 궁극적으로 무엇을 필요로 하는지를 파악해서 새롭게 협상을 하려고 할 것 같아요. 이 위기를 견디기 위해서는 여러분의 협조가 필요하다. 그리고 우리가 이런 걸 제공해줄 수 있다. 그러면 처음에 제안에 반대했던 분들도 어느 정도 다시 고민을 하게 되지 않을까 싶기도 해요.

홍의미 근데 갑자기 생각난 게 보통 그렇게 할 때 1대 1로 만나서 얘기하나요?

서밤 네, 맞아요.

홍의미 그 방법도 병행했었으면 좋았을 것 같아요.

서밤 처음에 1대 1로 다 했어요. 왜냐하면 프리랜서분들은 한 번에 모이기가 어려워서 그것 때문에 전부 1대 1로 얘기했었거든요. 그런데 오히려 1대 1로 얘기했을 때는 동의했던 분들이 나중에 단톡에서는 못 하겠다 하시는 거예요.

김혜진 소통하는 과정에서 개개인의 의견이 온전히 반영되었는가가 중요한 요인일 것 같아요. 자기 의견을 제대로 말하지 못하고 리더에게 끌려 간 경우가 있는 것은 아닌가? 혹은 다수결이나 힘의 원리에 마지못해 따른 것은 아닌지, 협상 당시 분위기도 중요한 것 같아요. 그런 균형이 깨진 상태에선 협력이 어려웠을 거 같아요. 난폭했던 과정이지 않았을까 싶네요. 서로 균형을 좀 더 맞추는 일이 필요했을 거라고 생각이 들어요.

차주원 말씀 들으면서 제가 겪었던 비슷한 일을 생각해 봤는데, 제가 회사에 있을 때 상사의 입김이라는 게 없지 않아서 약간 가스라이팅 당하는 느낌이 있었거든요. 오히려 CEO는 좋은 걸 제안했어요. 저희한테 손해가 없는 인센티브를 제안했거든요. 그랬는데 상사 한 분이 "그거 너무 별로다. 왜 하냐? 받지 말자. 우리 아무도 동참하지 말자" 막 이런 분위기를 만드는 거예요. 그런데 다른 사람 중에는 받고 싶은 사람도 있고, 저는 어차피 인센티브 요건을 충족하지 못할 거지만, 그래도 어쨌든 있으면 좋잖아요. 그런데 '어차피 나는 못 받는데 굳이 이거를 왜 해?' 이런 사람들이 많았던 거죠.

이정화 근데 진짜 그거 공감 가는 게 저는 3 정도만 받아도 만족하는데, 옆에서는 10을 받아야 하는데 왜 3에서 만족하냐고 뭐라 하는 거예요. 그런 분위기를 만드는 거예요.

차주원 그래서 1대 1로 무조건 얘기를 해야 된다고 생각해요. 왜냐하면 상사나 주변 동료의 압박이 분명히 있었을 거거든요.

서밤 그래서 저는 이 책을 읽으면서 그때 CEO가 스트레치 협력에 대해서 좀 더 잘 알았다면 어땠을까 라는 생각이 들더라고요. 공동의 목표가 아닌 각각의 목표. '너 그래서 뭘 원해?', '너는 어떻게 하고 싶어?', '너는 어떤 계약 조건으로 여기서 일하고 싶어?'

그리고 이거는 정말 심리적인 문제인데, 리더들은 협력에 대한 환상을 갖고 있어요. 내가 팀원들에게 어떤 비전이나 목표를 정해놓고 말하면서 "우리가 합심하면 더 잘 나아갈 수 있을 것이다"라는 막연한 기대. 근데 사실《협력의 역설》에서 다루지 않은 건 그 협력을 중재하는 사람의 마음이라고 생각하거든요. 그 중재하는 사람의 마음이 상해버리면 모든 게 파투가 나는 거예요. 사람들이 뒤에서 욕하고 그래서 리더가 안 하겠다고 하고 나가버리면 판이 깨져버리는 거잖아요. 그래서 사실 이 중재하는 사람의 심리도 굉장히 중요하다는 것들을 저는 좀 절실하게 느꼈던 것 같아요. 실제로 리더가 되면 그런 압박감을 진짜 많이 받거든요. 발생한 문제를 해결해서 회사를 살려야 된다는 목표가 있는데, 문제는 이 과정에서 심리가 빠져 있어요. 갈등을 조정하고 상황을 중재하면서 느끼는 미묘한 감정들, 심리들이 있거든요. 리더들도 당연히 화나고 비위 상하거든요. 그래서 저는 리더로 코칭을 받았을 때, 리더의 역할이 두 개라는 말을 들었어요. 하나가 비전 제시, 두 번째가 심정 관리예요. 사람들 비위를 안 상하게 하는 게 중요하다 그러잖아요.

근데 저는 생각했죠. '리더는 누가 심정 관리를 해주나?', '중재자는 또 누가 심정 관리를 해주나?' 리더십 서적 같은 것도 보면 리더가 어떻게 해야 직원들이 행복할 수 있는지를 다루지, 리더가 어떻게 행복할 수 있냐는 얘기하지 않거든요. 그냥 네가 알아서 해라. 그래서 제 연구 부논문 주제가 '리더의 스트레스'였어요. 그걸 했던 게 리더가 스트레스 받으면 직원들이 불행하다, 리더가 잘하면 직원들이 스트레스를 안 받는다는 주제의 연구 논문은 있어도, 리더가 스트레스를 어떻게 안 받을 수 있는지에 대한 연구는 없더라고요. 어쨌든 센터는 망했는데, 재밌는 건 그 센터의 CEO분도 원래 컨설팅펌 출신이에요. 그런데 이게 자기 일이 되니까 다른 거예요. 이분도 만약 자기 회사였다면 스트레치 협력을 할 수 있었을까?

결국 그 나머지 상담사들은 다 쪼개져서 각자 센터를 개소했어요. 물론 수익은 여기서 벌 때보다 훨씬 못해요. 근데 리더는 잘 돼서 좋은 데로 또 이직을 했거든요. 사실 수익 배분을 바꾼다고 이익이 크게 차이가 나진 않아요. 5 대 5로 나누나 6 대 4로 나누나 한 달에 수입 차이가 제일 많이 나 봐야 50만 원이었거든요. 그런데 그 50만 원을 지키려고 하다가 본인이 큰 리스크를 지고 센터를 열게 된 거죠. 그래서 참 많은 생각을 했어요. 사람들은 정말 심리가 중요하구나. 자기 비위가 상하면 다 손해 봐도 그냥 판을 엎어버리는 거예요. 빈정 상하면 끝인 거죠. 그래서 전 '빈정의 심리학'이 나와야 된다고 생각합니다. (일동 웃음)

사실 가족이 제일 어렵습니다

서밤 우리가 사실 태어나서 처음 만나게 되는 협력의 집단이 가족이잖아요. 여러분들은 가족끼리 협력을 잘 하시나요?

김혜진　저희 아빠는 가족은 한배를 탄다고 강조하세요. "우리 한배에 타고 있어!" 만약에 한 사람 내리면 좌초되는 거예요. (웃음) 아빠가 주말마다 새벽에 등산을 가시면 우리는 항상 함께 가야 하는 거예요. 최대한 아빠에게 맞춰드리는 거라고 생각했죠. 엄마하고 언니가 집에 있고 싶다면서 가지 않겠다 그러면, 한배를 다 같이 타야 된다는 생각에 동생이라도 설득해서 아빠와 함께 산에 가곤 했거든요. 그런데 어느 순간에 깨달았죠. '나는 그동안 원하지 않는 것을 스스로 선택했다' 그때까지는 이게 내 역할이고 나의 할 도리고 이로 인해 우리 가족이 해피엔딩을 맞는다고 생각했었거든요. 그런데 어느 순간에 단지 불협화음을 보는 것이 두려워서 스스로 선택한 거였다는 걸 알게 된 거예요. 그래서 저는 어떤 협력이든지 거기에는 본인의 몫이 분명히 있어야 한다고 생각해요.

이미리내　저희 집 같은 경우도 부모님이 가족중심주의였고, 자녀들은 개인주의 성향이 강한 편이었어요. 그래서 부모님이 무얼 같이 하자는 제안을 하시면, 자식들 입장에선 마냥 반갑진 않았죠. 그런데 부모님을 속상하게 하고 싶지 않으니까 그냥 따르는 분위기였어요. 막상 하고선 좋은 추억들로 남아있긴 하지만요. 이런 경험들로 인해 사회생활을 할 때 의견을 취합할 일이 있으면 스트레스 받아요. 모든 의견을 다 듣고 수용해야 한다는 책임감이 들어서요.

어느 순간에 깨달았죠. '나는 그동안 원하지 않는 것을 스스로 선택했다'

배현정   제가 협력하고 대화하는 방식을 생각해 보면 가족들한테 보고 배운 거더라고요. 저희 어머니가 그런 걸 잘하세요. 예를 들어, 이모네 가족이랑 우리 가족이랑 여행을 가게 됐어요. 근데 엄마는 가게에서 사고 싶은 물건이 있는데, 그거 사겠다고 기다리라고 하면 다른 가족들한테 싫은 소리 들을 게 분명하거든요. 그래서 일부러 분위기를 잡고 숙소 주변 해안 길을 산책하자고 해요. 그러고 나서 그 틈에 가게에 가서 사고 싶은 물건을 사고 돌아오는 거예요. 이러면 불만 없이 모두가 여행을 즐길 수 있죠. 그렇게 판을 만들어주고, 그 안에서 자신이 원하는 걸 얻어갈 수도 있다는 걸 체득할 수 있었어요.

최새봄   전 사실 그런 걸 배운 적도 없고, 누가 제대로 하는 걸 본 적도 없었어요. 생각해 보면 우리가 인생에서 제일 처음 소속되는 가족이라는 것도 복불복이잖아요. 저는 맨 처음 취업한 회사에서 신입사원 환영행사를 했는데, CEO가 와서 회사 비전을 선포하면서 "이제 우리는 다 식구다" 이런 얘기를 하는데 하나도 와닿지 않았어요. 의례적으로 그런 말 하잖아요. 주인의식을 갖고 마치 내 회사처럼 일을 하는 직원을 되게 이상적으로 생각하잖아요. 그런데 다 알고 있죠. 내 것이 아닌데 어떻게 내 것처럼 할 수 있나? 그리고 왜 내가 그렇게 해야 되는가? 그런데도 회사 비전 선포하고 어디를 향해 나아가겠다, 이런 이야기를 들으면 '왜 거기까지 가야 되는 거지?' 이런 생각이 드는 거예요. 우리는 그동안 전통적인 협력만을 이상적으로 생각했는데, 사실 이게 제대로 작동하지 않는다는 걸 빨리 깨달은 사람들은 유연하게 대처를 하고, 그렇지 못한 사람들은 갈등을 많이 겪는 것 같아요.

서밤 그럴 수 있겠어요. 저희 집은 이 스트레치 협력을 실천하는 집안이었거든요. 저희 가족은 여행을 가면 숙소만 같이 써요. 그리고 다 따로 다녀요. 가족 여행 가서 그냥 숙소만 같이 쓰고, 가끔 밥 한 끼 같이 먹고 다 따로 다녀요. 저는 그래서 전통적인 협력을 하기가 너무 힘들었던 것 같아요. 모두가 같은 목표를 가지고 있어야 되는 게 도통 이해가 안 됐어요. 그러다 나중에 리더가 되고 나니 구성원이라는 진짜 힘든 대상이 생긴 거예요. 어떤 구성원은 같은 목표를 갖기를 원하고, 어떤 구성원은 자신의 이득만을 갖길 원해요. 그 사이에서 저는 너무 혼란스러운 거예요. 나는 그냥 각자가 자기 할 일을 하고 자신의 이익을 추구하는 플랫폼이길 바랐는데, 어떤 사람은 소속감을 느끼고 싶어 하는가 하면, 어떤 분은 그냥 자유롭게 생활하고 싶어 하시는 거예요. 그런 걸 조율하는 게 좀 어려웠어요.

이정화 저는 생각이 좀 다른 게 어떻게 보면 우리는 알게 모르게 협력을 엄청 다양하게 하고 있는데 우리가 인식조차 못하고 있는 걸 수도 있겠다는 생각이 들어요. 가족으로 설명을 해보면, 저는 한 20대 초중반까지만 해도 아버지에 대한 반감이 엄청 컸었어요. 페미니즘에 푹 빠져 있던 시절이라서 우리 아빠는 왜 설거지도 안 하고 맨날 엄마가 차려주는 밥만 밥 투정하면서 먹고 그러나, 사람이 왜 저 모양이냐 하면서 엄청 따지고 틱틱 대고 그랬거든요. 그리고 엄마는 아빠한테 왜 저러나, 왜 맨날 아빠가 좋아하는 음식만 으리으리하게 차려주는 거야? 그땐 그게 이해가 안 갔어요. 이거 완전 가부장제 아니야? 그런데 나이를 먹고 나서 보니까 이분들의 패턴이 보이는 거예요. 부모님은 나이가 드셔서 우리가 생각하는 그런 페미니즘에 부합되는 삶을 살기에는 이미 너무 옛날 사람이에요. 근데 자세히 보니까 이게 이분들이 사랑을 표현하는 방식이더라고요. 엄마는 아빠에게 맛있는 요리를 해주는 게 엄마의 사랑 방식인 거고, 아빠는 그거를 투정하는 게 그 사랑을 받는 방식인 거죠. 그러면서 또 뒤에서는 엄마가 갖고 싶다고 하는 거를 많이 사주시고요. 이게 어떻게 보면 '가족의 화합이라는 측면에서 결국엔 공생 관계였구나. 이건 내가 깨뜨릴 수 없는 거구나' 그런 생각이 좀 들더라고요. 어떻게 보면 저는 그 사이에서 목표가 뭔지도 모르고 어깃장 놓던 딸이었던 거죠. 그래서 요즘 본가에 가면, 정말 이것도 사소한 협력이라고 할 수 있는데, 가족 간의 화합을 위해서 뭘 할 수 있느냐 했을 때 저는 저의 역할을 찾았어요. 거실에 누워 있는 거였어요.

서밤 상황을 악화시키고 있다. (일동 웃음)

이정화 악화시키는 게 아니에요. 정말 이거는 도와주는 거예요. (웃음) 거실에 내가 누워 있으면 엄마 아빠가 안심하더라고요. 우리 딸이 같이 있구나. 왜냐하면 제가 귀찮다고 제 방에 들어가서 누워서 휴대폰만 하면 별로 좋아하지 않으시는 거예요. 그래서 휴대폰을 방에서 하지 않고 거실에 누워서 하면 안심하시더라고요. 같이 TV를 본다고 생각하시는 거죠. 그래서 깨달았어요. 정말 가성비 좋은 협력 방안. (웃음)

> 협력, 꼭 해야 하는 건가요?

서밤 저는 스트레치 협력이 진짜 좋았던 게 그냥 있는 그대로 인정하면서 나아가는 거잖아요. 그게 되게 좋았던 것 같아요. 협력하기 어려운 사람들이 보통 이렇게 해야 돼, 저렇게 해야 돼 하면서 뭔가 답을 갖고 일을 하는데, 이런 분들하고는 협력하기 어려웠던 것 같아요. 그래서 여러분들은 어떤 사람들이랑 협력하기가 좋았고, 또 어떤 사람들이랑 협력하기가 어려웠는지 이야기 나눠보면 좋을 것 같아요.

김형준 저는 특히 협력하기 어려운 사람들이 주로 조별 과제나 프로젝트를 할 때 피드백을 감정적으로 받아들이는 사람들이에요. 그러니까 너를 부정한 게 아니라 너의 의견을 부정한 건데.

배현정 그 지적을 구분 못 하는 사람들이 있죠.

김형준　제 피드백을 개인적인 감정으로 받아들여서 그 대응도 또 개인적으로 해요. 그럴 땐 너무 힘들어요. 이런 것들은 따로 또 만나서 얘기를 해야 하잖아요. 그러면 그런 게 아니라 이런 거였다, 이런 걸 위해서 필요한 거다 하고 상대방이 납득할 수 있게 보충설명을 해주다 보면 필요 없는 에너지 소모가 계속 쌓여요. 왜냐하면 이런 사람들은 또 한 번 얘기한다고 변화되지도 않거든요. 계속 반복적으로 해야 되는데 그게 계속 쌓이다 보면 같이 일하기 싫어지는 거예요.

최새봄　잘 이야기해 주신 것 같아요. 협력하기 어려운 사람은 책에서도 나오지만 내가 무조건 옳고, 내가 옳다는 걸 강화하기 위해 나 외에는 전부 틀렸다고 주장하게 되잖아요. 그런 사람하고는 협력은 거의 불가능한 것 같아요. 하지만 지금 이 상황에서는 뭔가 다 다르고, 각자에게는 그에 맞는 인식이 다 있게 마련이라고 생각하는 사람하고는 뭐가 됐든 협력으로 갈 수 있는 가능성이 있는 것 같아요. 어릴 때는 내가 생각하는 게 옳고, 나랑 생각이 다른 사람이 있으면 이게 아니라 이게 더 좋은 거니까 이렇게 해보라고 그를 위한다는 생각에서 나온 지적이 사실은 그 사람한테는 필요 없는 지시였을 수도 있겠다는 생각이 들어요. 지금은 얘기한 것처럼 나는 이런 걸 좋아하지만 저 사람은 저런 걸 좋아할 수 있으니 각자 자신의 모습을 그대로 지니면서도 협력을 할 수 있다, 그런 식으로 가려고 노력하고 있어요. 그래서 뭔가 내 말만이 다 맞는다고 주장하는 사람을 마주하면 좀 어려운 느낌이에요.

홍의미 저는 회사생활이나 학생회 활동 같은 거 하면서 협력할 일들이 있었는데요. 그때 제일 협력하기 어려웠던 사람은 내가 조금이라도 손해 보는 걸 주저하는 사람이었어요. 저는 회사든 단체든 결국 팀이라는 건 어떻게 보면 누구나 한 사람씩은 돌아가면서 조금은 손해를 더 보게 되는 상황이 생길 수밖에 없다고 생각하거든요. 다만 내가 지금 손해를 보더라도 다음에는 다른 누군가가 나 대신 조금 더 손해를 볼 일이 생길 수 있는 거죠. 그걸 인정하면서 같이 해야 하는데, 절대로 손해 보지 않겠다는 사람들이 생각보다 너무 많거든요.

서밤 회사에서는 보통 목표가 같을 때가 더 많잖아요. 근데 저는 그 목표를 바라보는 시선이 너무 다를 때도 협력하기가 너무 어려웠어요. 회사 다닐 때 저희 회사에서 네이버 배너 광고를 띄운 적이 있어요. 근데 네이버 배너가 엄청나게 비싸더라고요. 시간당 2천만 원인가 그래요. 당시 저는 시간당 2천만 원짜리 배너를 구입해서 어떻게 하면 대중들의 클릭 수를 높일 수 있는 방법을 찾느냐가 가장 중요하다고 생각했거든요. 그런데 사람들은 로고, 색깔, 채도, 굵기 이런 것들을 논의하고 있는 거예요. 사람들은 뭐가 중요한지 잘 모르고 사소한 것들만 논의하느라 시간만 보내고 있는 거예요. 그래서 저는 그때 그냥 핸드폰을 보면서 있었거든요. 결국 그 광고는 폭망

했어요. 한 4천만 원인가 6천만 원 썼는데 100명 클릭했나 그랬어요. 그러니까 어느 누구도 리스크를 지고 싶지 않은 거예요. 너무 큰 돈이 걸려 있으니까, 큰 틀에서 어떻게 해야 한다고 주장하지 못하고, 자잘한 내용에 관한 피드백만 주는 거예요. 그렇게 누구도 책임지고 싶어하지 않는 상황에선 협력하기가 정말 어려울 것 같아요.

김혜진   그럴 때 리더가 필요한 것 같아요.

서밤   다행이다. 그때 내가 리더가 아니라서. (일동 웃음) 다른 분들은 어떠세요? 어떤 사람이랑 일할 때 협력이 잘 안 된다고 느끼셨는지?

배현정   협력하기 좋은 사람은 일단 말을 하는 사람, 피드백을 잘하는 사람이에요. 뭔가 얘기를 해야 거기서부터 빌드업을 할 텐데, 꿍하고 입 닫고 있으면서 무슨 생각하는지 도통 모르겠는 사람하고는 내가 그 사람 몫까지 두 배로 일을 해야 되거든요. 그건 협력도 아니고, 제가 고민할 여지도 주지 않으니까 가장 협력하기 힘든 종류의 사람이에요. 의견을 주는 것과 안 주는 것은 굉장히 큰 차이에요.

김혜진   하나를 덧붙이자면 솔직함이에요. 상대에게 맞추거나 감정적으로 대응하기 위해서 주장을 하기보다는 자기의 의견을 솔직하게 얘기할 수 있는 사람이 필요하죠. 맞든 맞지 않든, 나와 같든 다르든 간에 솔직하게 얘기해 줘야 협력하는 사람들끼리 차이를 인정하거나 조율할 수 있는 기회가 생긴다고 생각해요.

이혜진　저는 A라는 사람이 있으면 A에게 맞춰주고, B라는 사람이 있으면 B에게 맞춰주는 스타일이에요. 일부러 누군가에게 맞춰준다기보다는, 따로 정답이 있다고 생각하는 편이 아니라서 상대방에게 맞춰주는 거거든요. 그래서 서밤 님 같은 사람이 옆에 있으면 편할 것 같아요. (웃음)

　　제가 전 직장에서 일할 때 질투를 되게 심하게 받았었다고 사람들이 얘기를 해주더라고요. 예를 들어서 제가 단독 기사를 쓰면, 부장이 일주일에 한 번씩 오후에 팀을 불러다 놓고 회의를 하면서 저를 콕 집어서 단독 낸 걸 칭찬을 하는 거예요. 이게 반복이 되는데, 선배들은 이런 걸 되게 싫어했던 거죠. 그래서 옆에서 "아니, 저거 혜진이가 참신한 거 쓴 게 아니고 다른 언론사에서 예전에 나왔던 건데" 이런 식으로 말하면서 절 괴롭혔어요. 결국에는 그런 직장 내 괴롭힘 때문에 퇴사를 했죠. 예를 들면 저를 미팅에 늦게 보내려고 일부러 저한테 과제를 던져주고 먼저 하라고 시켜요. 선배가 준 과제를 하면 미팅에 늦거든요. 그렇게 되면 저는 업계에서 지각 자주 하는 애로 소문이 나는 거예요. 〈연합뉴스〉같이 뉴스를 만들어서 다른 언론사에 파는 통신사 같은 곳에서는 업무를 굉장히 타이트하게 해요. 그런데 그런 속도로 똑같이 1시간 안에 기사 취재해서 당장 써서 내라는 식으로 일을 시키기도 하고요. 제가 단독으로 알아내서 쓴 기사에 선배 이름이 먼저 나오게끔 했던 적도 있었고요.

　그런 식으로 쓰면 보통 업계에서는 저는 단순히 자료 조사만 하고 이 건을 지시한 선배 기자가 다 쓴 것처럼 인식을 하거든요. 그런 것들을 몇 번 겪어보고서 결국에는 탈출을 하게 된 거예요. 그렇다 보니까 저는 협력에 대해서 조금 회의적이에요. 그리고 거기서도 좀 의아했었던 게 제가 처음 언론 일을 시작했던 곳이 평균보다 연봉 수준이 높은 곳이었거든요. 그런데 거기는 저한테 기사 퀄리티에 대해 지나치게 많은 걸 요구를 해서 제가 이직을 할 때는 연봉을 굉장히 많이 깎고 전 직장에 들어갔었어요. 그런데 나중에 알고 보니까 그 전 직장이 사람을 그런 식으로 연봉을 후려치면서 끌어모으는 회사였더라고요. 그 선배라는 사람도 그렇게 연봉 내리쳐서 갖고 들어갔을 것 같은데 이 회사에서 나보다 더 그렇게 잘난 사람으로 보이고 싶어 하는 게 근본적으로 이해가 안 되는 거죠. 그래서 전 협력이라는 게 이해가 잘 안 돼요. 각자 자기 일 잘한다고 해서 상대가 피해 보는 게 없는데, 왜 그렇게 나를 깎아내리면서까지 그렇게 하는지 좀처럼 이해가 되지 않았거든요. 그런 종류의 사람들이 힘들었던 것 같아요.

내가 만난 타고난 갈등 해결사들

서밤   그럼 반대로 갈등을 잘 해결하는 사람을 본 적도 있나요? 먼발치에서나마.

오알록   저는 갈등 상황에서 부러운 사람들이 내가 그 상황에 처했을 때 본인 주장에 대한 근거를 정확하게 대서 말하는 사람이라고 생각해요. 솔직히 있는 그대로 자기 의견을 표현하면서 차분하게 상대방을 설득하는 일은 정말 어려운 일이잖아요. 이런 사람을 이전 직장에서 본 것 같아요. 근데 그분은 자기가 하고 싶은 말을 차분하게 근거를 대면서 다 말하니까, 상대방은 할 말이 없잖아요. 그러니까 또 상대는 감정적으로 "어어, 이거 네 일, 내 일 따지는 거냐?"는 식으로 나오는 거예요. 근데 그분은 또 거기에 대고 상대방에게 적당히 거리를 두면서 상대가 너무 상처받지 않게끔 자기 의견을 이야기해요.

배현정   전 제가 그런 사람인 거 같아요. 얼마 전에 업무에서 이슈가 생겼었거든요. 메일도 수백 통씩 날아오고 회사가 난리가 났었죠. 저는 정말 본능적으로 행동을 했어요. 팩트 체크하고, 법무적으로 어떻게 대응할 수 있는지 알아보고, 어떤 액션을 취할 수 있는지 알아보고 나서 대처했거든요. 생각을 많이 하고 했다기보다, 갈등 상황이 있을 때 본능적으로 행동하는 타입인 거 같아요. 그 과정에서 회사 관계자들도 꽤 격앙되어서 많은 말을 했던 건 물론이고요. 하지만 그날 저녁에 다들 상황이 잘 해결되어 다행이라며 웃으면서 이야기를 하더라고요. 그러니까 중요한 건 상황의 한가운데에 있을 때에 나의 감정 또는 상대방의 감정에 일희일비 휩쓸리지 않고 '할 일을 하는 것'이에요. 개인적 감정으로 일을 받아들이면 안 된다는 거죠. 일이 안 풀려서 화가 나는 건 당연한 거예요. 그렇지만 화가 나는 거에 초점을 맞추는 게 아니라, 일이라는 팩트에 집중하면 갈등이 생길 일이 없거든요. 그래서 그런 구분이 가능한 사람들하고는 협력이 잘 되는 거 같아요. 반대로 일과 감정이 뒤섞여서 판단력이 흐려지는 사람들하고는 같이 일하기 어렵고요.

서밤 저희 남편이 진짜 갈등 해결을 잘하는 사람인데요. 건축업계에 있는데, 건축업계는 정말 다양한 이해관계자들이 참여를 하고, 또 큰 프로젝트 같은 경우는 하루가 미뤄질 때 거의 10억씩 손해가 나요. 그러니까 모든 사람들이 너무 예민한 거예요. 남편도 일하면서 막 멱살 잡히기도 하고 그랬거든요. 그런데 남편이 사용하는 방법이 일단 처음에 상대방 감정을 다 들어줘요. "그러실 수 있겠어요." 그다음에는 원칙을 얘기해요. 그리고 그거를 10번을 반복해요. 왜냐하면 사람이 쉽게 흥분이 안 가라앉잖아요. 너무 많은 돈이 몰려 있고 그러니까 계속 화를 내는데, "그럴 수 있겠다" 이 말을 지겹도록 반복하는 거예요. 그러면 결국에 화를 내던 상대방도 누그러지고 미안해 하더라고요. 멱살 잡았던 사람이 나중에 밥 사주기도 하고요. 그런 걸 보면서 갈등을 잘 해결하기 위해서는 인내심이 정말 많아야 되는 거 같다는 생각이 들어요.

최새봄 그러면 남편분은 그 상황을 그렇게 견딜 때 자기는 괜찮으시대요?

서밤 아무 생각이 없대요. '일이다, 이건 일이다. 저 사람이 화가 났구나. 그럴 수 있지. 나도 일 잘못돼서 1, 2억 날아가면 저 사람처럼 화날 수 있지. 근데 내 돈 날아가는 건 아니니까' 그래서 저랑도 갈등을 되게 잘 해결해요. 제가 화를 내면 바로 기분 풀어주는 모드로 들어가죠. 갈등을 잘 해결하는 사람이라고 느꼈어요. 남편이 하는 말이, "화를 내서 뭐 해? 화를 내면 뭐가 달라져? 문제 해결이 점점 지연될 뿐이잖아"예요.

김혜진 남편 분이 인간에 대한 이해가 깊으신 것 같아요. 저의 사수 중에도 그런 분이 계셨어요. 누군가 문제를 일으키고 클라이언트와 싸우는 상황이 있었어요. 컴플레인은 계속 들어오고, 저도 화가 나서 그분이 징계를 받거나 훈련을 받아야 한다고 생각했는데 그때 그 사수분이 그걸 다 받아주셨던 거예요. 계속 그 사람 이야기를 오랫동안 들어주면서 상황을 조율하지는 않는 거예요. 너무 그 상황이 이상해서 사수를 찾아가서 물었어요. "어떻게 그러시나요?" 그랬더니, "그거는 그분의 어떤 영역일 뿐이잖아요. 그분이 그런 사람은 아닐 거예요. 그러니까 그분을 받아들여 주면 그분도 구분할 수 있게 되겠죠"라고 말씀하시는 거예요. 그렇게 시간이 흐르는데 이 사람이 어느 순간 변화하는 거예요. 그렇게 인간적으로 변화하는 모습을 저희는 모두 지켜본 거죠. 그때 좋은 리더가 할 수 있는 역할에 대해 많이 생각해 보게 됐어요. 아마도 저의 사수는 상대의 입체적인 면을 보면서 확신이 있어서 그런 말을 했다고 생각하거든요. 그래서 리더가 어떤 확신을 가지고 믿음을 갖고 있는 게 얼마나 중요한가 이런 생각을 많이 했어요.

김형준 저도 동의해요. 제가 존경하는 교수님이 약간 그런 스타일이에요. 수업에 열심히 참여하지 않거나 교수님에게 막 말하는 친구들이 있는데, 교수님께선 이런 친구들도 다 수업 안으로 끌어들이세요. 그런 친구들을 수업에 참여하게 하면, 시간이 지나서 친구들 태도가 변화하는 거예요. 그래서 저도 교수님처럼 해보려고 노력을 해봤는데 잘 안 되더라고요. 안 하겠다는 사람 억지로 하게 하지 말고 그냥 내보내라는 말을 많이 들었어요. 결국 저도 선을 그었죠. 매번 수용해 주고 기다리는 게 항상 정답이 되지는 않더라고요. 각자 처한 상황이나 맥락도 다 다르고 복잡하기도 하니까요. 각자 나름대로의 사정이 있어서 그게 참 어려운 것 같아요. 하나의 정답이 있을 수가 없는 것 같아요.

김혜진   그 부분에도 바운더리가 필요할 것 같아요. 리더가 바운더리 없이 수용했을 때 상대가 선을 넘는 경우가 있어요. 이것도 받아주고 저것도 받아주고 하다 보면 결국 선이 희미해지는 거죠. 그 부분에는 리더의 책임도 있다고 봐요. 그래서 언제 어떤 관계, 어떤 상황에서든 꼭 바운더리가 필요하다는 생각도 들어요.

서밤   그래서 저는 초보 리더들한테 늘 말씀드리는 게 조직원들이 당신에게 기대할 수 있는 것과 없는 것을 명확하게 알게끔 규정짓는 게 제일 중요하다고 당부해요. "나는 이런 걸 잘하고 이런 건 안 된다. 그러니 이런 건 나한테 기대하지 말아라"라고 얘기할 수 있는 게 필요한 것 같아요. 그게 갈등을 좀 덜 일으키거든요.

홍의미   근데 약간 기본적으로 우리가 생각하는 협력이라는 게 전통적인 협력에 입각한 개념이잖아요. 누군가가 약간 총대를 메는 게 만연해 있는 상황에서 우리가 성공적인 협력을 하기가 힘들지 않았을까 라는 생각이 좀 들었어요.

이혜진   이 말에 공감하는 게 저도 최근에 제 시간을 상당 부분 희생하고 있는데, 남들이 그런 건 모르고 그냥 표면적으로 봤을 때는 협력이 잘 되고 있는가 보다 하고 생각하는 거 같아요. 근데 그렇게 보이지만 아마 누군가는 저처럼 뭔가 더 희생을 하고 있다거나 그런 게 아닐까 라고 생각해요.

서밤   결국 누군가 희생을 해야 협력이 된다.

이혜진   많은 경우에는 그런 거 같아요.

차주원   우리는 결국 스트레치 협력을 해야 한다. (웃음)

서밤   저는 정말 그냥 너는 네 일하고 나는 내 일하고, 그렇게 딱 조합을 했을 때 최선의 결과가 나오고 협력이 잘 된다고 느꼈거든요. 근데 그때를 생각해 보면 각자의 몫이 50인데 다들 70을 했던 거예요. 그러니까 협력이 잘 되는 거였어요.

최새봄   그건 것 같아요. 혜진 님이 말한 것처럼 누군가는 희생을 해야 협력이 이루어지는데, 그걸 둘이 동시에 기꺼이 희생을 할 때, 그러면 진짜로 협력이 되는 거예요.

서밤   맞아요. 근데 협력하는 사람들은 원래 이 일을 하려면 100을 해야 되는데 난 70만 하면 되니까 이득이라고 생각을 하는 거예요. 그때 유일하게 협력이 좀 잘 된다고 느꼈어요. 결국 열심의 정도가 비슷해야 되는 거예요. 저는 가끔 팀플할 때, "여러분, 우리는 열심히 하는 게 목표가 아닙니다. 빨리 끝내는 게 목표입니다. 동의하십니까?" 이것부터 물어보고 시작하거든요. 얼마나 열심히 하고 싶냐고 물어보고 팀원들 열정의 평균을 맞추려고 그래요. 열심히 할 거면 다 같이 열심히 하고, 다 대충 할 거면 모두 동의해서 다 대충 해야 한다. 이렇게 생각해요.

협력의 힘은 생각보다 놀랍습니다!

서밤 우리 지금까지 협력에 대해서 얘길 나눠봤는데, 여러분들이 어떤 협력을 경험했는지 좀 알 것 같아요. 결국 결론은 협력이 어려웠던 순간이 대부분이었다. (웃음) 그렇다면 여러분 중에 협력의 힘을 경험해 본 적이 있으신가요?

차주원 저는 학부 때 기업 경진대회를 나간 적이 있었는데 다 과가 달랐어요. 경제학과, 국문학과, 공대. 이름도 기억이 안 나. (일동 웃음) 전자? 정보가 맞나? 아무튼 이렇게 4명이 만나서 기업 분석을 하는데, 여기가 2차 전지 회사라서 이 기업에 대한 이해는 공대생이 준비하고, 이 회사의 경제적인 분석, 경영 분석은 제가 하고 다른 경영 분석 파트2는 다른 경제과 학생이 했어요. 공대, 경제과가 하고 이제 남은 국문과 학생은 "난 아무것도 모르니 발표를 하겠다" (웃음) 이런 식으로 딱 나눠 가지고 보고서 쓰고 발표를 아주 멋지게 해서 1등을 했던 경험이 있어요. 근데 이게 상금이 되게 컸거든요. 그러니까 인당 100만 원을 받았어요. 상금 액수가 크니까 다들 엄청

몰두해서 했던 거예요. 이 대회가 원래 경영 공부한 분들이 하는 거거든요. 그런데 아무것도 모르는 넷이서 그걸 한 거예요. 이렇게 피드백 받아가지고 했는데 1등을 해버린 거죠. 경영팀 다 제치고요. 사람이 확실한 공동의 목표가 있고 역할 분담을 잘하면 협력이 잘되더라고요. 그 기대가 컸기 때문에 이렇게 할 수 있었어요.

서밤   좋다.

오알록   저는 실습하면서 협력의 힘을 느낄 수 있었던 것 같아요. 2주간 매일 초등학교 14명을 데리고 프로그램을 진행해야 되는 상황이었고, 과제도 많았어요. 저는 그때 개인 과제 목표로 설정했던 게 2주 동안 14명의 아이들을 단 15분만이라도 면담해 보자는 거였거든요. 그런데 이걸 하려면 학생들 케어도 같이 해야 해서 봉사자분들이 진짜 많이 힘드시거든요. 그래도 봉사자 선생님들이 너무 잘해주셔서 성공적으로 잘 끝날 수 있었어요.

　그때 여러 실습 과제 중 하나로 후원자들을 저희가 직접 모집해야 했어요. 사실 봉사자나 실습생이 무슨 힘이 있어서 그런 미션을 하는진 모르겠지만, 어쨌든 마지막 행사를 위해 빵을 지원받아야 하는 상황이 생겼어요. 그런데 어떻게 해야 할지 모르겠더라고요. 저는 말도 잘하는 게 아니라서, 보고서 같은 자료를 만들어서 설득할 수밖에 없겠다는 생각이 들었어요. 그래서 후원을 희망하는 단체에 대한 소개, 현재 14명의 아이들과 진행 중인 프로그램에 대한 간략한 정보 등을 취합한 자료를 만들었어요. 그래서 건너편에 있는 파리바게트에 들어가서 설명을 하려는데, 제가 진짜 말을 잘 못 해서 점장님이 계속 못 알아들으시다가 제가 만든 자료를 보고 그제야 조금 이해를 하시더라고요. 그때 같이 옆에 계셨던 봉사자 분들이 말씀을 잘 해주셨는데, 다행히 파리바게트 점장님이 평소에 후원 같은 걸 많이 하는 분이셔서 흔쾌히 후원해 주시겠다고 동의 의사를 밝히셨어요! 봉사자 선생님들이랑 프로그램에 필요한 간식으로 '빵' 지원을 받았다며 즐거워 했었는데 우유까지 준비해 주셨답니다! 제 서류작성 역량과 봉사자 분들의 말솜씨 그리고 운으로 협력하여 성공했던 경험이었어요!

김형준   저는 실습 기간 동안 프로그램을 팀원들과 함께 만들어야 됐었는데 그때 함께한 멤버들이 조금 힘들었거든요. 이론 공부도 하고 자료 조사도 해야 하는데, 그 친구들은 준비도 하나도 안 해오고 회의 시간에는 딴소리하고 뜬구름 잡는 얘기 하니까 너무 힘든 거예요. 그런데 교수님께서 넓은 지식의 풀로 그 친구들의 말을 저희가 개발하는 프로그램과 연결시켜서 반영해 주셨어요. 그러면서 그 친구들도 프로그램 개발에 참여하고 기여하고 있다는 동참의식을 느끼면서 더 많은 아이디어들을 내놓게 되더라고요. 그랬더니 생각지도 못한 결과들이 나오더라고요. 교수님께서 그렇게 하시는 걸 보고 협력은 이렇게 하는 거구나 하고 느꼈어요.

김혜진   저도 동감을 하는데요. 전에 광고 일을 했을 때인데, 일을 하다 보면 그런 순간들이 와요. 성과를 내고 일을 따오는 팀들은 리더가 자기 자신을 내세우지 않고 우리가 한 팀이라는 걸 강조해요. 잘했을 때나 못했을 때나 좋은 방향으로 나아가자고 격려하고요. 그렇게 '으쌰으쌰!' 하는 분위기에서는 실패하더라도 같이 일하고 싶어지는 매력적인 분위기가 만들어져요. 저는 그런 팀이야말로 좋은 협력을 하고 있다고 생각해요. 단 한 명의 팀원도 낙오시키지 않고 거기에 어떤 팀원이 있더라도 함께 갈 수 있는 리더가 있는 팀이 중요한 거죠.

이미리내   혜진 님 말씀에 공감해요. 같이 영어 공부하던 친구들끼리 자기 계발을 같이 해보자는 취지에서 소모임을 만든 적이 있었어요. 당시에 모임을 만드는 데 리더 역할을 했던 친구가 항상 멤버들을 격려했었어요. 또 각 멤버들의 기여를 모두에게 알려주고요. 이런 부분들이 제게 성취감과 뿌듯함을 주었어요.

서밤   역시 결과가 좋아야 협력이 잘 됐다고 생각을 하나 보다. (일동 웃음)

이혜진   결과랑은 상관없지만, 친오빠네가 두 달 전에 쌍둥이를 낳았거든요. 그런데 태어나고 며칠 후가 명절이어서 처음으로 고향이 아니라 오빠가 사는 경기도로 가서 부모님하고 제가 아기들을 돌보게 됐어요. 사실 살면서 해왔던 협력의 종류는 항상 이해관계가 부딪히는 상황에서 있었던 건데, 그때는 절대적으로 연약한 존재들이니까 누가 먼저 시키지 않아도 먼저 안아주고 보살펴 줬었어요. 그렇게 적극적으로 협력을 하면서 며칠을 보냈어요. 이전에는 엄마와 이야기할 공통의 주제도 없었는데, 요즘은 조카들이라는 공통분모가 생겨서 대화를 또 하게 됐어요. 대화 자체를 협력이라고 말하는 건 좀 이상하긴 한데, 어쨌든 함께 시간을 보내고 같은 경험을 한 것이 넓은 의미에서 협력이라고 한다면, 그 결과가 어떻든지 간에 나름 협력으로서 의미가 있는 게 아닌가 싶었어요.

서밤 가장 원초적인 협력이잖아요. 자손들을 케어하는 것이요.

홍의미 따뜻함이 상상이 돼요.

이혜진 오빠가 제가 아기를 안고 있을 때를 몰래 찍고 엄마가 안고 있을 때 몰래 찍고 이렇게 했는데, 가족사진에서 단 한 번도 본 적 없었던 각자의 해맑은 미소를 본 거예요.

서밤 너무 좋다.

이혜진   그래서 제 카톡 프로필 사진에 아기 영상이 올라가 있어요. 사람들이 혹시 아기 엄마 됐냐고 물어봐요. (웃음)

서밤   저는 갈등 속에서도 좋은 결과를 냈던 경험이 있어요. 제가 정부 위탁기관에서 일을 했었거든요. 그런데 정부 부처 간의 갈등도 되게 심해요. 그러니까 중앙 자살 예방센터랑도 갈등이 있고 다른 정신건강 복지센터랑도 갈등이 있고 그랬거든요. 근데 어떻게든 이 연구 결과를 내야 되고, 서로 협조해서 자살 원인을 밝혀야 되는 목적은 같은 거예요. 자살률을 낮춰야 된다. 그래서 그 자살률을 낮추기 위해서 서로 부처 간에 울며 겨자 먹기로 협력했던 그런 경험들이 있어요. 행사를 같이 해야 했던 경험들이 좋은 결과는 아니었지만 어쨌든 결과를 내는 일이었어요. 그러니까 대부분의 협력이 말씀하셨던 것처럼 갈등 속에서 나오는 것 같아요. 갈등임에도 불구하고 나오는 그런 경험이었던 것 같아요.

배현정   협력이 모두가 참여해야 하고 한 사람만 이렇게 끌고 갈 수 없는 게 맞기는 한데, 결국 누군가는 책임이 무거울 수도 있고 누군가는 그냥 가볍게 참여할 수도 있잖아요. 그래서 저는 역할의 구분도 꽤 필요하다고 봐요. 같은 활동을 하더라도 각자 맡은 역할과 책임감의 정도가 다 다르기 때문에, 그 경계를 확실하게 해야 한다고 봐요. 결과가 없는 협력은 의미가 없어요. 과정도 물론 중요하지만, 책임 소재가 명확하지 않아서 일이 제대로 되지 않는 게 더 안 좋거든요. 책임 소재를 명확하게 하지 않아서 망한 사례들이 많아요.

홍의미   생각해 보면 갈등은 없을 수가 없잖아요. 이 갈등을 어떻게 같이 해결할 수 있을까? 서로 갈등만 하는 게 아니라 어쨌든 나아가긴 해야 되니까요.

서밤   그래서 협력에서 중요한 키워드가 통제감인 것 같아요. 협력은 낯선 곳으로 가게 되는 거잖아요. 근데 저는 그거를 진짜 싫어하나 봐요. 내 생각대로 안 되고 내가 모든 것들을 통제할 수 없고 나의 가설 자체가 흐려지면 검증할 수 없는 영역으로 들어가게 되니까 그게 싫어서 협력을 싫어하는 거 같아요.

김혜진   어쩌면 좋은 협력, 나쁜 협력을 가리는 것 자체가 의미가 없는 게 아닌가 해요. 그냥 협력은 협력이고 결과는 결과고, 그걸 따로 보고 우리가 거기서 수용할 수 있는 좋은 면을 가져오는 게 중요한 거 같아요.

김형준   결과도 과정의 일부인 것 같기도 해요. 결과가 그때 당시에 안 좋았다고 하더라도 그 이후에 또 필요했던 과정이었을 수도 있고요. 당시에는 개인에게 짐이 되었지만, 나중에는 그 과정이 그 사람을 더 단단하게 해주는 어떤 계기가 되어

주는 사건이었을 수도 있고요.

> **스트레치 협력, 조금 삐걱대도 괜찮아요**

서밤   우리 사회에 어떻게 하면 좀 스트레치 협력을 적용해 볼 수 있을까요? 어디서부터 시작해야 스트레치 협력을 적용할 수 있을까요?

최새봄   삶 전반에 다 적용할 수 있는 것 같아요. 읽고 나서 든 생각은 그냥 '이런 태도를 장착하고 살면 내가 제일 편해질 수 있겠다', 약간 '물은 물이요, 산은 산이다' 같은 느낌을 받았어요. (웃음) 어디든 적용할 수 있겠구나. 그게 어떨 땐 머리로는 이해되지 않고 이게 진짜 뭐가 될까 싶어도 그냥 그런 식으로 좀 유연하게 생각하는 게 나를 위해서 제일 좋을 것 같다는 생각이 좀 들더라고요. 다 협력하고 나면 그게 어떤 관계도, 일도 심지어 나와 내 관계에서도 어느 정도는 그렇게 할 수 있지 않을까? 왜냐하면 나도 나 자신과 갈등을 겪잖아요. 계속, 매일. 그럴 때 그것도 맞고 이것도 맞다, 약간 이런 느낌으로 하면 좋지 않을까 싶어요.

홍의미   이 책에서도 하나의 정답만 있는 것이 아니라고 하잖아요. 그러니까 정답이 여러 개일 수 있는 거죠. 조금 유연한 사고를 가질 필요가 있겠다는 생각을 했어요.

서밤 저는 스트레치 협력을 제일 많이 적용했을 때가 페미니즘 진영 내에 있을 때였던 것 같아요. 서로 다 의견이 너무 다르잖아요. 최근에 어떤 일이 있었냐면 제가 별로 안 좋아하는 페미니스트가 있어요. 근데 그 페미니스트 인스타 계정이 해킹당한 거예요. 이제 자기의 발언권을, 어떻게 보면 인플루언싱을 많이 잃게 된 거죠. 그래서 마음이 한편으로는 되게 고소했어요. '내 마음에 안 드는 짓 하더니. 거 봐라~' 뭐 이런 마음. 근데 또 한편으로는 나랑 다른 목소리를 내는 페미니스트 한 명이 목소리를 잃는다는 게 너무 싫은 거예요. 그래서 내가 구독을 했어요. 같은 페미니즘 진영 내에 있으면서도 서로 너무 다르잖아요. 누구는 화장을 해야 한다, 누구는 탈코(탈 코르셋)를 해야 한다, 막 이렇게 싸우거든요. 그래도 우리는 소수의 다양한 사람들의 인권이 향상돼야 한다는 대의를 갖고 있다고 생각하고 나랑 의견이 100% 일치하지 않더라도, 그 사람이 소수자를 혐오하거나 그러지 않으면 어쨌든 그 사람의 목소리에 힘을 실어주는 방향으로 나갔던 게 제가 가장 많이 했던 스트레치 협력이었어요.

홍의미 근데 진짜 저도 많이 느끼는 게 사실 페미니즘 진영에서 더 많은 토론이 이루어지고 많은 이야기들이 오고 가요. 그런데 한국에선 관련 논문을 써도 논문에 대해서 비판하는 걸 두려워하고 어려워해요. 하지만 외국에선 페미니스트들이 자유롭게 논문을 쓰고 각자의 견해를 주고받는 걸 어려워하지 않거든요. 서로 잘못했다고 지적하는 게 아니라, 각자 근거를 들어 건강한 비판을 하는 거예요. 그래서 교수님께서도 페미니즘이 가장 건강하게 논의가 이루어지고 있는 이론이라고 말씀하셨어요. 가끔 극단적으로 표현하고 불편하게 만드는 페미니스트들이 있잖아요. 저는 그렇게는 못하지만 그런 사람들의 말도 필요하다고 생각해요. 100% 동의하는 건 아니지만 그렇게 말해주는 것만으로도 도움이 될 수 있다고 생각해요. 그래서 이런 발언을 하는 거에 대해서 '나는 동의하지 않아', '너무 싫다'가 아니라 '나는 그 의견에 동의하지 않지만, 이런 시각을 가진 사람도 필요해'라고 생각하는 게 더 중요한 거 같아요.

배현정 우리는 싸우면 안 된다는 강박이 너무 강하죠. 싸우면 안 되기 때문에 우리는 어떤 사안에 대해서 합의가 안 되면 아예 발을 들이지 않죠. 책에 나오는 그 환경 전문가도 그런 얘기를 했다고 하잖아요. 싸움을 두려워하지 않는 법을 배우는 게 중요하다고요. 근데 결국 그러면 토론 문화가 있어야 하겠네요. 옛날에 하던 웅변대회 이런 거 말고 토론이요. 책을 읽든 아니면 특정 주제에 대해서 글을 쓰든 말을 하든 간에 상대의 말을 잘 듣고 서로 의견을 나눌 수 있어야 하는데, 이걸 어떻게 실현해야 할지는 조금 막연한 감이 있어요.

손주연 토론하기 전에 일단 자기 생각부터 가지고 있어야 될 것 같아요.

김혜진   일단 듣는 훈련이 안 되니까 토론이 잘 안 되거든요. 최재천 교수님의 추천사 내용 중에 인상적이었던 부분이 토론의 뜻이 원래는 말을 갖고 싸우고 대결하는 의미였지만, 이제는 토론의 의미가 바뀌어야 한다는 내용이었어요. 한마디로 서양의 토론 문화인 타인의 말을 잘 들으면서 내 생각을 다듬는 '숙론'의 과정이 필요하다는 거죠. 숙론의 의미는 여러 명이 함께 서로 다른 생각을 깊이 생각하고 충분히 의견을 나눈다는 뜻이에요. 단순히 어떤 정답을 찾기 위한 게 아니고요. 그 부분이 인상적이었어요. 일단 그러려면 나와 다른 의견을 잘 들을 수 있어야 해요. 우리는 자기주장이 미덕인 시대에 살고 있어서 다른 의견을 듣기보다는 어떻게 내 주장을 할지에 포커스를 두는 경향이 있어요. 우리가 좀 더 빗장을 풀고 좀 더 개방적으로 다른 의견을 충분히 또 진심으로 듣고 내 주장을 할 수 있어야 한다고 생각해요.

서밤   다름을 받아들이는 게 되게 중요한 것 같아요. 다름을 받아들이고 나와 다르다고 해서, "넌 틀렸어", "넌 적이야" 이게 아니라, 우리 다르지만 그래도 우리가 공통적으로 바라는 거를 좀 수용하는 자세가 필요한 것 같아요.

손주연   저는 아까 토론, 숙론 얘기하면서 생각난 건데 의견을 자유롭게 내놓을 수 있는 공론장이 있으면 좋겠다는 생각이 들었어요. 회사에서도 불편한 거나 불만 있으면 뒤에서 쑥

덕거리지 말고, 익명의 공간에서 의견 제안하고 댓글 쓰고 하는 게 더 낫거든요. 그런 식으로 우리 사회도 공론장이 필요하지 않나 라는 생각을 해봤어요.

서밤 그게 교육 과정에 녹아들어야 하는 거 같아요. 우리는 다양한 의견을 나눌 수 있지만, 그 과정에서 싸우게 될 수도 있다. 이 싸움을 피할 수 없다면, 어떻게 하면 잘 싸우고 화해할 수 있을까? 그런 갈등 상황을 해결하는 과정의 교육도 필요하다는 생각이 들어요.

최새봄 우리나라 사람들은 화를 내지 않고 내 의견을 말하거나 다른 사람의 의견을 들어주는 거에 되게 약한 거 같아요. 누가 말했는데 나랑 생각이 좀 다른 것 같으면 불쑥 화를 내버린다든지요. 왜 그렇게 화가 많은 걸까요? (웃음)

서밤 우리나라 사람들은 의견과 정체감이 일치될 때가 많은 것 같아요. "나는 이걸 주장해. 이게 나야. 이게 나의 정체성의 일부야." 그러니까 그걸 반박하면 내 정체감의 일부에 반박하는 거라고 생각하는 것 같아요. 그래서 나와 다른 사람의 의견을 경청하고 토의하는 교육이 좀 필요하지 않나 생각해요. "누구든 의견을 낼 수 있고 너와 다른 의견으로 너의 정체감이 깨질 수도 있어. 근데 깨지는 게 나쁜 게 아니라 더 넓어지는 거야"라고 인지하는 교육이 필요해요. 네가 생각한 것만

이 정답이라고 생각하지 말라는 교육이 필요한데 우리는 계속 정답만 맞추는 교육을 하잖아요. 그게 우리나라에서 건강한 토론 문화가 정착되지 못하는 원인이 아닐까 싶어요.

최새봄   그 얘기 진짜 중요한 것 같아요. 우리는 나를 너무 많은 것들과 간격을 좁혀 동일시하는 느낌이 있어요. 내가 뭔가를 실패하면 실패한 경험은 경험일 뿐이지, 그렇다고 내 존재가 실패한 건 아니잖아요. 나와 다른 것들의 간격이 너무 좁다 보니까, 거리를 두고 볼 수 있는 훈련이 잘 안 되어 있는 것 같아요. 그래서 사소한 일에도 나를 공격한다는 식으로 반응하게 되는 거고요.

얼마 전에 유튜브에서 우연히 봤는데, 어떤 분이 나와서 그 얘기를 하시는 거예요. 자기 감정을 다스릴 때 이렇게 말해보면 좋대요. 만약에 내가 지금 화가 났으면, '나 진짜 화나네' 이렇게 생각하지 말고 이름을 붙여보라는 거예요. 제3자를 부르듯이 "최새봄이 지금 화가 났다" 이러면 나와 감정 사이에 간격이 생기면서 나의 감정을 제대로 들여다볼 수 있다는 거예요. 그래서 해봤는데 진짜 효과가 있더라고요. 뭔가 웃기긴 한데, "내가 배고프다" 이러면 당장 뭘 먹어야 될 것 같은데, "최새봄이 배고프다" 이러면, '아, 그렇구나. 지금 허기가 진 시간이구나'. (웃음) 이게 재밌어서 하루 종일 해봤거든요. 근데 꽤 단순하지만 저한테 무척 효과적인 것 같아요. 그래서 감정이 일어날 때 이런 식으로 이름을 붙여서 마치 소설 속 제3자를 보듯이 해보는 게 괜찮은 방법이라는 생각이 들어요. 우선은 거리감을 두고 그 자체를 인정하는 거부터 시작하는 거죠. 협력도 그렇고요.

오알록 거리감을 두는 거 얘기 들으니까 생각난 게, 최근에 이슬아 작가님이 올린 걸 봤는데, 글을 쓰려고 자기 어머니를 관찰할 때, "우리 엄마가 오늘도 이제 일을 끝내고 양말을 벗고 있네"라고 하지 말고 어머니의 이름을 붙여서 이야기하더라고요. 그래서 온전한 실명으로 "OOO가 오늘도 뭘 하고 있네" 이런 식으로요. 이름만 붙였을 뿐인데, 말씀하신 대로 거리감이 생기더라고요. '나'에서 그 대상 영역을 넓혀서 부모님, 가족들에게도 이렇게 이름을 붙이면 더 사랑스럽게 여길 수 있는 것 같아요.

서밤 스트레치 협력을 하려면 일단 우리가 다르다는 걸 인정해야 해요. 다르다고 틀린 게 아니거든요. 근데 우린 네가 틀렸다면서 서로 죽어라고 싸우잖아요.

이혜진 여기서 저는 한 가지 궁금한 게 있는데, 제3자처럼 이름을 붙이는 게 감정을 조절하는 방법이잖아요. 그런데 저 같은 경우에는 개인적으로 감정이 느껴지려면 그걸 최대한 충분히 느껴야 감정이 길게 가지 않고 그냥 끝나는 편이에요. 그래서 감정이라는 게 충분히 느끼는 게 좋은 건지 아니면 이렇게

만약에 내가 지금 화가 났으면,
'나 진짜 화나네' 이렇게 생각하지 말고 이름을 붙여보라는 거예요.
제3자를 부르듯이 "최새봄이 지금 화가 났다" 이러면 나와 감정 사이에
간격이 생기면서 나의 감정을 제대로 들여다볼 수 있다는 거예요.

조절을 하는 게 더 좋은 건지 모르겠어요.

서밤 그러니까 '누가 이 감정을 느끼고 있네', 이것도 감정을 느끼는 하나의 방법이거든요. "서현이가 지금 화가 났네"라고 화를 느껴주는 거죠. 화에 잠식당하는 게 아니라, 화를 느끼고 나면 그게 좀 사라진다.

이혜진 그러니까 충분히 느끼기 전에는 조절 자체가 잘 되지 않는다.

서밤 느끼는 게 먼저다. 느끼기 전에 조절하는 거는 억압 같은 거라고 생각해요. 얘기를 듣다 보니까, 우리 사회에 스트레치 협력을 적용해 보려면 일단 감정 조절부터 해야 할 거 같아요. 다들 너무 화가 나 있어.

최새봄 이런 걸 초등학교 때 해야 되는 것 같아요. 애들한테 감정의 종류를 알려주면서, 이런 걸 느낄 수 있고, 이런 걸 느끼는 게 틀리지 않았고 괜찮다는 걸 알려줘야 해요.

이미리내 김영하 작가님도 관련 내용을 언급한 적이 있죠. 학생들에게 소설을 가르칠 때 "짜증난다"란 표현을 금지하도록 한다고요. 이 표현이 나오기까지 다양한 감정을 느낄 텐데, '짜증'이란 한 단어로 그 모든 감정들을 뭉뚱그릴 수는 없다면서요. 이는 소설뿐만 아니라 자기 상태를 알아차리는 데에도 큰 도움이 되는 것 같아요.

김형준　결국엔 내가 안정감이 있어야 개인이 구체적으로 자율적인 행동을 할 수 있다고 생각해요. 내가 안전하다고 느껴야 시선을 밖으로 향할 수 있는 거잖아요. 안정감을 느끼고 관계적 욕구가 충족이 돼야 내 주의를 밖으로 향할 수 있게 되는 거 같아요. 내 문제에만 몰입해 있는 상황에서는 그렇게 집중할 수 없거든요. 그런 의미에서 우리 사회가 심리적 안정감을 느낄 수 있는 안전망을 구축하는 게 필요하겠다는 생각을 했어요.

손주연　저도 공감해요. 사실 스트레치 협력을 할 때 내가 생계가 달려 있는 정도의 간절하고 절박한 상황이라면, 절대 그렇게 못 하거든요. 답도 빨리 찾아야 하고요. 그래서 우리가 어느 정도 여유가 있을 때 스트레치 협력이 된다고 생각해요. 어떻게 보면 저희가 지금 하고 있는 이 모임이 스트레치 협력이라고 할 수 있어요. 이걸 할 수 있는 이유는 여유가 있기 때문에 책을 읽고 모여서 이야기를 할 수 있는 거니까요. 이 모임의 목표와 결과가 성공이냐 실패냐가 아니잖아요.

김혜진　그래서 저는 이 책에서 결국 말하고자 하는 스트레치 협력이 성사되려면 성숙한 환경이 전제되어야 한다는 대목에서 격한 공감을 했어요. 한마디로 성숙하지 않은 사람과 같이 스트레치 협력을 이뤄내려면 무척 어렵겠구나. 스트레치 협력에서 전통적인 협력을 이야기하고 있는 이유도 어떤 면에서는 성숙이 필요하다는 걸 보여준다고 생각해요. 그리고 저자가 속해 있던 그룹도 대부분 성숙한 사람들이 모여서 협력을 이루어가는 집단이었기 때문에 가능하지 않았을까 하고 생각해 봤어요.

서밤 결국 타인에게 집중할 수 있고 자기가 안정감을 가지려면 실패해도 괜찮다 라는 마음이 필요하다고 생각하거든요. '이 의견이 맞지 않아도 돼', '내 의견이 틀려도 돼' 근데 실패해도 괜찮다는 건 뭐가 있어야 된다는 거잖아요. 내가 떨어져도 받아줄 게 있어야 되는데 그게 결국 사회적 안전망이다. 우리가 협력하기 위해서는 안전망이 필요하네요. 그걸 바탕으로 스트레치 협력이 가능할 테니까요.

생활에 적용하기

스트레치 협력 실천하기

스트레치 1: 갈등과 연결을 수용하기

참여(사랑)과 주장(힘)을 동시에 사용하는 것이 중요하다. 갈등 상황에서 일방적인 주장만 한다면 구성원들의 저항과 반발심을 불러일으킨다. 반대로 참여만 강조되면 구성원들이 자발적으로 갈등을 조정하지 못하고, 일방적으로 굴복하거나 강하게 주장하는 사람에 의해 조종될 수 있다. 따라서 적절한 참여와 주장의 조화를 이루어야 한다.

스트레치 2: 실험하며 나아가기

스트레치 협력은 모든 구성원이 만족하는 단 하나의 해법을 찾는 과정이 아니다. 그러므로 사람들의 다양한 견해와 행동을 실험하면서 나아가는 것이 중요하다. 일방적으로 합의하기보다는 자유롭고 창의적으로 행동하는 것이 더 도움이 된다. 그리고 이를 위해선 말하기와 듣기가 개방적으로 이루어질 수 있는 환경을 조성해야 한다.

스트레치 3: 발을 내딛어보기

상황을 바꾸기 위해 타인의 행동이 아닌 자신이 어떻게 달라져야 하는지에 대해 주목해보자. 남이 무엇을 해야 하는지가 아닌, 내가 어떻게 하고 있고 또 어떻게 변해야 하는지 생각하는 것이 스트레치 협력에서는 중요하다.

4장

연결:
우리의 관계는 연결되어야 한다

함께 읽은 책
《우리는 다시 연결되어야 한다》
비벡 H. 머시 지음, 이주영 옮김, 한국경제신문

핵심 개념 이해하기

외로움
친밀감과 유대감 등의 관계적 욕구가 충족되지 못했다는 상황적 인지로 인해 주관적으로 경험하는 불쾌한(unpleasant) 정서 상태.

외로움을 설명하는 이론들
① 사회 욕구 이론
인간은 사회적 동물로서 접촉(contact)과 다정함(tenderness) 등 정서적 친밀감에 대한 욕구를 지닌다. 따라서 인간은 관계에 대한 근원적 욕구를 충족하는데 필요한 관계 및 환경이 형성되지 못했거나 훼손되었을 때 외로움을 경험하게 된다. 즉, 단순히 혼자이기에 외로운 것이 아니라, 관계적 결핍으로 욕구가 충족되지 못할 때 외로움을 경험하게 되는 것이다.
② 인지적 접근
자신이 맺은 대인관계에서 불만족스러운 지각을 하게 될 때 일종의 불쾌한 감정으로서 외로움을 경험하게 된다. 이때의 외로움은 개인이 관계에서 바라는 것과 실제 관계에서 충족된 정도가 다르기 때문에 발생한다. 따라서 인지적 접근을 통해 외로움을 완화하기 위해서는 타인과의 관계 맺음에 있어서 관계를 자각하고 평가하는 자신의 내적 기준을 변화시키는 일이 필요하다.
③ 통합적 접근
외로움은 기본적으로 관계에 대한 욕구의 좌절 또는 결핍으로부

터 발생한다. 외로움을 느낄 때 사람들은 공허함과 쓸쓸함 등의 불쾌하고 고통스러운 정서를 경험하는데, 이때의 외로움은 사람들의 주관적 인식이나 상황, 맥락 등에 따라 다양하게 해석되고 경험될 수 있다.

외로움의 다양한 유형
*출처: 안수정(2022) 한국 성인이 경험하는 외로움에 관한 개념도 연구, 연세대학교 박사학위논문

① 일시적 외로움: 일상을 살아가면서 대부분의 사람들이 종종 경험하게 되는 정서 상태
② 상황적 외로움: 이전에는 만족스러운 관계를 가졌지만, 특정한 위기나 삶의 주요 사건에 직면해 있는 개인이 경험하는 외로움의 정서
③ 만성적 외로움: 사회적 관계에 대한 불만족과 결핍감을 최소 2년 이상 지속적으로 경험하는 것
④ 정서적 외로움: 부모, 배우자, 친한 친구 등 매우 친밀한 관계가 부재하거나 또는 상실되었을 때 나타나는 외로움
⑤ 사회적 외로움: 공통의 관심사를 공유한 연대가 부족하고, 동료 및 지역 사회에 소속되지 못하는 등 사회적 관계망이 부족할 때 발생하는 외로움
⑥ 실존적 외로움: 인간으로서 겪게 되는 세상과의 근본적인 분리감으로 인해 비롯되는 공허함과 슬픔
⑦ 물리적 외로움: 신체적 접촉이 제한되거나 실제적 관계가 부족해질 때 경험되는 물리적 외로움. 정서적으로, 사회적으로 유대감

을 충분히 느끼고 있더라도 물리적인 접촉이 부족할 경우 외로움을 경험하게 될 수 있음

⑧ 군중 속 외로움: 사회 연결망의 크기가 평균 이상으로 크면서도 높은 수준의 외로움을 경험할 수 있음

지금 나는 얼마나 외로울까?

	문항	전혀 아니다 (1점)	드물지만 있다 (2점)	가끔 있다 (3점)	항상 그렇다 (4점)
1	주변 사람들과 잘 통합니까?				
2	사람들과의 교제가 부족하다고 느낍니까?				
3	도움을 청할 사람이 아무도 없다고 느낍니까?				
4	혼자라고 느낍니까?				
5	친구들 모임에 속해 있다고 느낍니까?				
6	당신 주위 사람들과 공통의 관심사를 가지고 있습니까?				
7	당신이 더 이상 아무하고도 가깝지 않다고 느낍니까?				
8	당신의 흥미와 생각들이 주변사람과 나누어지지 않는다고 느낍니까?				
9	자신이 외향적이고 우호적이라고 느낍니까?				
10	사람들과 가깝다고 느낍니까?				
11	혼자 남겨졌다고 느낍니까?				
12	다른 사람들과의 관계가 의미 없다고 느낍니까?				
13	당신을 진정으로 아는 사람이 아무도 없다고 느낍니까?				
14	다른 사람들로부터 고립되어 있다고 느낍니까?				
15	당신이 원할 때 친구들을 사귈 수 있다고 느낍니까?				
16	당신을 진정으로 이해해주는 사람들이 있다고 느낍니까?				
17	수줍음을 느낍니까?				
18	사람들이 당신과 진정으로 함께 있지 않고 그저 주위에 있는 것이라고 느낍니까?				
19	당신과 얘기를 나눌 사람들이 있다고 생각합니까?				
20	당신이 도움을 청할 수 있는 사람들이 있다고 느낍니까?				

*UCLA 외로움 척도. 43점 이상이면 외로운 것으로 간주된다.

우리는 얼마나 외로울까요?

서밤 이번 모임 책 다 읽으신 분들은 어떠셨나요?

홍의미 저는 또 일단 꾸역꾸역 최대한 지문이라도 다 읽으려고 노력을 많이 했는데 읽으면서 되게 좋았어요. 사회학자들이나 심리학과 박사님들께서 하는 연구 사례들이 많이 나왔잖아요. 그래서 재밌었고, 중간에 미디어에 관련된 이야기들이 되게 많이 나와서 좋았어요. 제가 또 미디어 쪽을 연구하다 보니 재밌었고요. 최근에 브뤼노 라투르의 행위자-네트워크 이론을 공부하려고 하는데, 그거랑 연결해서 보니까 재밌더라고요. 책에서 독서를 비슷한 영혼의 공동체에 속하는 것이라고 표현한 케인 박사의 표현이 마음에 들었는데, 브뤼노 라투르도 사물에게도 네트워크 연결을 할 수 있다고 얘기하거든요. 그러니까 생명체랑 생명체가 아닌 것이 연결되는 거예요. 그러면 내가 독서를 하는 데도 이것도 네트워크가 연결됐다고 얘기할 수 있는 거거든요.

이정화 양심 고백하자면 절대적인 시간의 부족으로 마지막 3분의 1을 못 읽었어요. 그렇지만 그래도 이거는 너무 재밌어서 끝나고도 제가 나머지 못 읽은 부분까지 꼭 읽어야겠다는 생각이 들었습니다. 저는 이 책에 외로움이라는 게 뭔가 부끄럽거나 잘못된 감정이 아니라 실은 보편적인 감정이고, 이걸 다 같이 해결할 수 있다는 식의 설명이 있어서 위로가 됐어요. 저에게 외로움은 암흑처럼 공포심의 대상이었는데, 이 책은 외로움이 인간 마음의 보편적인 감정이고 함께 안고 가야 하는 친구처럼 설명해서 좋았습니다.

차주원 저는 다행히 어젯밤에 다 읽었는데, 밤 11시까지 읽은 소감을 메모해 두었어요. 많은 부분에서 울림을 주는 책이었다고 느꼈어요. 내용 중에 인상 깊었던 부분은 30달러로 임종을 아름답게 마무리하는 장면이라든가, 세 가지 소원 프로젝트를 하면서 떠나 보내주는 장면 등이었어요. 또 누구나 겪을 수 있는 외로운 상황에서 사람들이 네트워크를 만들어서 파티를 열어주는 이야기도 좋았어요. 글쓴이가 마지막에 자기 자식들한테 편지를 쓴 게 있거든요. 책의 거의 마지막에 나오는데 그걸 보면서 세상은 아직 따뜻하다는 걸 좀 느꼈어요. 요즘 세상이 항상 경쟁해야 되고 그런 걸 강요당하면서 항상 옆 사람보다 더 나아지려고 스스로를 채찍질하면서 사는 사회다 보니 우리가 외로움도 더 느끼게 되잖아요. 그런데 저자는 그런 사회가 잘못된 거고 사실 우리는 서로를 돌봐주고, 연민해야 되고, 애정 어린 관계를 유지해야 서로가 좋게 잘 살 수 있는 거라는 메시지가 되게 위로가 많이 됐어요.

김형준 전 책에서 인상 깊었던 게 다른 세계로 나아가는 전환기에서 사람들이 외로움을 많이 느낀다고 하는 대목이었어요.

저도 개인적으로 어릴 때부터 환경이 계속 변하면서 새로운 환경에 매번 적응을 해야 됐었거든요. 근데 잘 된 순간들도 있었지만, 잘 안 된 순간들에는 지독한 외로움을 느꼈던 것 같아요. 제가 이번에 선교사 자녀분들을 대상으로 상담 프로그램을 하러 선교지로 나가는데 주제가 그런 거예요. '이중 문화로 산다는 건 어떤 건가' 저 개인적으로도 이중 문화에 대한 경험이 있고 또 새로운 문화에 노출된다는 게 문화 충격이 되게 크다고 하거든요. 그래서 어릴 적부터 이중 문화 속에서 자랐던 친구들을 대상으로 인터뷰도 했었는데, 확실히 친구를 사귀지 못하게 되는 데 많은 영향을 미치더라고요. 그 친구들이 외로움 때문에 이렇게 고통스러웠겠다는 걸 이 책을 읽으면서 다시 생각해 보게 됐습니다.

손주연 저도 이 책 읽으면서 생각을 많이 하게 됐어요. 대학생 때 저는 되게 자유로웠거든요. 왜냐하면 학생이라는 틀 안에서 내가 하고 싶은 걸 뭐든 해도 된다는 생각이었는데, 그런 상황에서 제가 궁극적으로 추구했던 게 이런 연결이더라고요. 어찌 보면 인간은 생계를 해결하고 나면 이런 연결감을 추구하게 되는 게 아닐까 생각해요.

서밤 저도 사실 이 모임 하겠다고 했을 때 제일 먼저 떠올랐던 책이 이 책이랑 《공감의 시대》였거든요. 그래서 임상심리 전문가인 친구에게 《공감의 시대》가 너무 좋았다고 추천해

줬더니, 그 친구가 이 책을 추천해 줬어요. 그래서 굉장히 인상 깊게 읽었던 책입니다.

김혜진 임상적인 이야기들을 현실적이고 알기 쉽게 설명해 준 것 같아서 좋았어요. 여기서 우리가 봤었던 공감이나 협력처럼 외로움도 자연스러운 감정이라는 인식을 주는 것 같아서 무척 인상 깊게 읽었습니다. 우리가 외로움을 조금 더 자연스럽게 받아들이고 건강하게 잘 다루면 좀 더 건강한 관계를 맺으면서 살 수 있다는 메시지를 주는 것 같아서 좋았어요.

민수경 저는 그런 사례도 많아서 좋았어요. 좀 따뜻하게 느껴졌어요. 저는 몰랐지만 여러 모임 사례가 되게 많다는 걸 알게 됐어요.

서밤 저는 이 책을 읽으면서 '그래서 내가 뭘 할 수 있을까?'라는 생각이 많이 들더라고요. 우리나라에 지금 커뮤니티도 많이 부재한 상태이고 공동체, 그러니까 친구와 가족은 있지만 더 넓은 연대나 그런 가치관을 나눌 수 있고 소속감을 느낄 수 있는 공동체는 많이 부족한 것 같아요. 내가 그런 데에 소속되려면 혹은 내가 그런 곳을 만들려면 어떻게 해야 될까라는 생각들을 많이 하면서 이 책을 읽었어요. 그래서 일단 처음에는 "지금 나는 얼마나 외로울까?" 이 척도를 좀 찾아봤어요. 여러분도 한번 체크를 해보시고 나의 상태를 잘 설명해 주는 것 같은 문항들을 한번 공유해 보면 좋을 것 같아요. 자신의 상태를 잘 나타내는 문항 같은 거, 이 문항이 되게 와닿았다, 이런 것들을 한 3개 정도만 체크해서 나눠보면 좋을 것 같아요.

어떤 문항들이 인상적이었나요? 저는 한번 다시 문항을 보니까 제가 체크한 문항들이 공통의 관심사, 6번. "당신 주위 사람들과 공통의 관심사를 가지고 있다고 느낍니까?", "흥미와 생각들이 주변 사람들과 나누어지지 않는다고 느낍니까?", 그리고 "당신과 이야기를 나눌 사람들이 얼마나 자주 있다고 생각합니까?". 이 문항들이 제일 와닿았던 것 같아요. 생각해보면 제가 코칭심리학이라는 되게 생소한 분야를 하고 있고, 그러다 보니 다른 심리학 분야들과는 다르게 제가 공부하고 있는 분야에 대해서 의견을 나눌 수 있는 사람이 많지는 않은 것 같아요. 박사 동기들도 있지만 각자 분야가 다르고 저는 이제 앞으로 계속 B2C 분야로 사업을 할 생각이라서, 관심사나 생각이 비슷한 사람들이 주변에 없다 보니까 정체성의 혼란 같은 걸 가끔 느껴요. 나는 누구지? 원래 비슷한 일을 하는 사람들끼리 만나면서 자신의 정체성을 공고히 하기도 하잖아요. '나는 창작자구나', '나는 어떤 심리학자구나' 근데 그런 것들이 부재하니까 지금 좀 외롭다고 느껴지는 것 같아요. 내가 어떤 직업적인 정체성을 형성하는 데 있어서 나랑 같이 갈 동료가 없다는 느낌을 요새 많이 받고 있는 것 같아요.

최새봄　그 질문들에 공감이 많이 되는 게, 전 요즘에 아무래도 이제까지 해온 일을 재정의해 보려고 하고, 앞으로 어떤 식으로 다시 내 일을 전개할지 상당히 고민을 많이 하고 있거든요. 아무래도 큰 조직 안에서 자기 역할을 갖지 않고, 프리랜서로 일하는 사람들은 항상 외로움을 느끼는 것 같아요. 나와 똑같은 일을 하는 사람을 만날 일도 잘 없고요. 아무리 친한 애인이나 대표든, 나랑 알고 지낸 세월이 모르고 지낸 세월보다 긴 사람조차도 그 일에 대해서 아무리 설명해도 모르잖아요. 해줄 수 있는 말도 사실은 감정적인 말이고, 물론 응원은 되지만 뭔가 내가 일적으로 도움을 받는다든지 아이디어를 얻는다든지 이런 대화가 되지는 않으니까 항상 거기에서 좀 외롭다고 느끼는 것 같아요. 그래서 '시너지가 날 수 있는 사람들을 만나고 싶은데 어디서 만나야 될까?'부터가 이제 고민이에요. 여러 곳에 찾아가 보기도 하지만 막상 거기서 정말 여러 가지가 잘 맞아서 서로 도움이 될 만한 사람을 만난다는 건 거의 모래에서 금 가루 찾는 것처럼 너무 어렵고요.

　그래서 뭔가 자기 브랜드를 갖고 일을 하면서 창업자 서너 명이 합이 맞게 움직이는 그런 팀들 있잖아요. 전 항상 그거에 대한 동경이 있는 것 같아요. '그런 걸 어떻게 하면 가질 수 있을까?', '어떻게 만들 수 있지?' 이런 것들. 그리고 그거 말고는 저는 이 질문 대부분이 다 그냥 "가끔 있다"라고 체크를 하게 되더라고요. 다 가끔 있잖아요. 이런 생각이 3번하고 20번이 맞물리는 질문 같은 경우는 큰 결정을 할 때 그리고 지금처럼 뭔가 이렇게 중요한 것들을 생각할 때 진짜 혼자라고 느끼는 순간들이 있거든요. '이건 어차피 다 내가 혼자 해야 되니까 혼자 결정해야 돼' 혼자 책임져야 되고 도움을 청할 수 있는 사람도 진짜 없다고도 느껴지죠. 그런데 또 막상 나에게 도움을 청해오는 가까운 사람들도 있잖아요. 그래서 내가 뭔가 도와줄 수 있는 부분은 도와주겠다고 선뜻 말해주고요. 그러니까 이걸 동시에 느끼는 것 같아요. 그래서 진짜 외롭다가도 친구가 도움을 요청해서 도와주면 고맙다는 소리를 듣기도 하니까요.

이혜진 저도 "가끔 있다"가 대부분인데 저는 이 문항 척도가 "가끔 있다"와 "항상 그렇다" 사이에 "자주 있다"가 있었으면 좋겠어요. (일동 웃음) "자주 있다"가 사실은 많거든요. 근데 일단 뭐 "항상 그렇다"에 체크. 19번, "당신과 얘기를 나눌 사람이 있다고 생각합니까?"가 많긴 많아요. 다만 관계에서 좀 공허함을 느낄 때가 많아서 그렇죠. "전혀 아니다"가 7번, "아무하고도 가깝지 않다고 느낍니까?", 너무 엄마랑 지나치게 가까워서 그런 거고. 비슷한 건데 11번, "자주 혼자 남겨졌다고 느낍니까?" 이것도 그래서 아니고. 12번, "다른 사람들과의 관계가 의미 없다고 느낍니까?" 이거는 뭔가 되게 본질적인 질문인 것 같은데 이런 생각을 살면서 해본 적은 없어요. 14번, "다른 사람들로부터 고립되어 있다고 느낍니까?" 이것도 7번, 12번이랑 비슷한 결이고. 17번, "자주 휴식을 느낍니까?" 이러면 제가 재직을 못 할 것 같아요. 수시로 느낀 적도 없어요.

이미리내 저는 6번이랑 9번을 좀 골랐는데요. 6번 같은 경우는 "얼마나 자주 사람들과 공통의 관심사를 나누고 있느냐?"라고 했었는데 처음에는 그냥 아예 내가 관심사를 나누는 친구가 없다고 생각을 했다가 어느 순간 또 가치관이 맞는 친구들이 생기더라고요. 근데 이 친구들이랑 항상 같이 있을 수가 없다 보니까 부재 속에서 또다시 외로움을 느끼더라고요. 그리고 9번(자신이 외향적이고 우호적이라고 느낍니까?)은 외향성과 우호성에 대한 항목인데요. 어렸을 때의 저는 타인과 관계 맺는 걸 어려워했어요. 돌이켜보면 상대의 생각을 어림짐작했기 때문에 제가 거리를 먼저 두곤, 상대가 다가오지 않는다고 여겼던 것 같아요. 그러다가 점차 다양한 경험을 하다 보니 확실히 외향적이고 우호적인 사람으로 바뀌었단 인식이 들어요. 그럼에도 여전히 이 항목에 자신있게 "그렇다"라고 대답하긴 어려워요.

김혜진 그런데 어떤 면에서 외롭다고 느끼나요?

이미리내 빛이 강할수록 그림자가 진해진다고 하잖아요. 과거와 현재의 모습 사이에서 생기는 간극 때문인 것 같아요. 그 간극에 빠질 때면 꼭 예전으로 돌아간 것만 같은 기분도 들고요. 앞서 형준 님께서 언급하신 것처럼 다른 세계로 나아가는 전환기에서 외로움을 느끼는 게 아닐까 싶기도 해요.

홍의미   여기 4번 문항에도 보면 "얼마나 자주 혼자라고 느낍니까?"가 나오잖아요. 저는 드물지만 제가 혼자라고 느낄 때가 있거든요. 근데 사실 주변 사람들하고도 자주 나눌 수 있다고 생각하고, 대화하고 도움을 청할 사람도 많아요. 하지만 가끔씩 혼자일 필요가 있다는 생각을 할 때가 있거든요. 내가 혼자 있을 때 잘 보낼 수 있어야, 주변에 있는 사람들과 대화를 했을 때 관계를 더 잘 이어갈 수 있다고 생각을 하거든요.

이정화   제가 여기서 인상 깊었던 건 2번에서 "얼마나 자주 사람들과의 교제가 부족하다고 느낍니까?"에서 "항상 그렇다"라고 하면 좀 가오가 빠지니까 "가끔 있다"라고 했는데 사실 요즘 정말 심각해요. 골방에 틀어박혀서 일만 하니까 정말 외로워서 미치겠는 거예요. 절대적인 대화나 뭔가 사람을 만나는 그런 게 너무 부족하니까요. 일이 많아서 좋긴 한데 약간 뭔가 스스로 느끼기에도 이건 좀 심한 것 같다는 생각이 들어요. 그래서 지난번에 친구들을 오랜만에 만났는데, 그날 정말 참을 수 없이 미친 듯이 말을 한 거예요. 얘기를 5시간이나 했더라고요. 끝나고 나서 오늘 정말 좋았다고 하니까, 친구들이 절 좀 측은하게 보더라고요. 그때 딱 느낀 게 사람도 좀 만나고 해야 되는데 그런 교류가 너무 부족했구나 하는 생각을 했어요. 제가 프리랜서로 일하면서 너무 혼자서만 지내고, 또 일 특성상 사람을 많이 만나는 것도 아니고, 제가 말을 할 수 있는 기회가 많은 직업이 아니라서 사적인 대화를 거의 안 했어요. 독서 모임 같은 것 제외하고요. 심지어 어떤 일이 있었냐면, 제가 가끔 출근하러 가는 곳이 있는데, 거기서 어떤 분이 자기가 여행을 갔다 왔다고 무슨 천 파우치 같은 걸 선물로 주셨어요. 근데 그게 너무 좋아서 막 눈물이 나려고 하는 거예요. 그래서 "감사합니다" 하고 받았는데 제가 생각해도 제가 너무 웃긴 거예요. 너무 선물에 감동해서 필요 이상으로 감사를 표하는 내 자신이 너무 불쌍한 거예요. 그러고 나서 얼마 후에 그분이 행정 서류에 사인 좀 해달라고 해서 서류를 받고는 무심결에 "알겠습니다" 대신 "감사합니다"라고 한 거예요. 그 여파가 아직도 가시질 않았던 거죠. 그래서 그때 정말 심각하게 느꼈어요. '내가 정말 외롭구나. 지금 절대적인 교제의 총량이 부족하구나' 그래서 요즘은 일이 조금이라도 줄어들면 사람들과의 교제를 좀 늘려야겠다고 생각하고 있어요.

오알록　저도 글 쓰고 혼자 이것저것 하다 보니까 말을 많이 안 하게 되더라고요. 일할 때도, 쉬고 놀 때도, 굳이 약속을 잡지 않는 일상에서는 타인과 별다른 소통 없이 정말 컴퓨터만 하니까요. 그런데 제가 또 최근에는 알바를 하게 됐는데, 알바가 아침 7시부터 오픈하는 카페라서 엄청 빨리 일어나야 되거든요. 근데 막상 그게 되게 좋더라고요. 아침에 근무 시작해도 퇴근하고 난 이후에도 하루가 아직 많이 남았다는 게 너무 좋았어요. 그리고 사람이랑 얘기하는 게 너무 좋은 거예요. 보통 알바생이 서로 좀 데면데면한 게 있는데 제가 막 괜히 말 걸고 그러거든요. 그런 제 모습을 보면서 제가 원래 사람을 많이 좋아했는데, 평소에는 잘 몰랐구나. 스스로에 대해 잘 알지 못했던 부분에 대해 요즘 많이 알게 됐어요. 그 작은 교류, 타인과의 소통이 너무 좋았어요.

서밤 맞아요.

민수경 말씀해 주신 내용들이 공감이 많이 되는데요. 지금 회사를 안 다니고 있다 보니까 혼자 있는 시간이 상대적으로 많아서 조금 더 외로움을 느끼는 것 같긴 해요. 원래는 카페에 혼자 있어도 외롭다기보다 여유로웠는데 요즘은 카페에 혼자 있는 시간이 너무 많다 보니 종종 카페에서 심심하고 외롭다고도 느끼는 것 같아요. 오늘은 좀 놀고 싶다, 심심하다 하면 친구네 집에 가거나 친구를 만나요. 그래도 사실 만족이 잘 안 되고 더 놀고 싶고 더 얘기하고 싶고 약간 좀 그런 상태인 것 같긴 해요. 근데 원래 외로움을 좀 느끼는 편인 것 같아서 사람들을 계속 만나고 싶은 욕구가 항상 조금씩 있어요. 요즘은 상황적으로 시간이 많고 한가하다 보니 더 그런 거 같고요.

배현정 저는 특정 문항이 크게 와닿진 않았던 것 같아요. 처음에 보고 이런 질문들을 하겠구나, 이렇게 더 접근을 했고요. 굳이 꼽자면 진정으로 사람들이 당신과 함께 있는 게 아니라 그저 주위에 있는 것. 그런데 이거는 저한테만 해당하는 건 아니고 누구든지 이런 거 아닌가 정도의 가벼운 느낌이에요. 저는 약간 외롭고 싶어요. 나는 내 공간과 시간이 필요하니까, 외로워지고 싶다기보다는 내가 이 시간 혹은 이 활동, 무언가를 해야 할 때 나를 방해하는 거에 대한 인내심이 적은 것 같아요. 그래서 내가 조금 외롭더라도 나만의 시간과 공간을 확보하는 게 더 중요하다고 생각해요. 그래서 친구가 적어서 아쉽다는 느낌이 상대적으로 적었어요. 내가 내 하고 싶은 걸 다 하고 그 여력을 조금 나누고 싶으면 그걸 할 정도의 사람들은 있는 것 같다. 이게 현재 삶인데 또 오만일 수 있죠. 이러다가 어느 날 또 외로움에 몸부림칠 수도 있는데, 어쨌든 현재 느낌은 그렇습니다. 조금 전에 저는 1시간 정도 일찍 와서 카페에서 혼자 이것저것 하다가 왔거든요. 그런데 그 시간이 너무 좋은 거예요. 조금 더 나를 세상에 내버려뒀으면 싶은 마음이에요. 옆에 아저씨들이 좀 시끄러웠지만요. (웃음)

서밤 저는 저의 핵심 감정 중에 하나가 외로움이라고 생각해요. 되게 외로움을 많이 타는 성격이고 그리고 혼자 있는 걸 기본적으로 잘 못 견뎌요. 늘 같이 있어야 되고. 근데 그나마 저는 가까운 친구들은 있는데 여기서도 말하잖아요. 외로움에는 다양한 형태가 있다고. 근데 저는 그런 커뮤니티가 지금 부재한 것 같아요. 같이 공부하는 사람들이 있긴 하지만 코칭심리라는 분야가 너무 좁은 분야이기도 하고 또 수료를 하다 보니까 집에 혼자 있는 시간도 많고, 어떻게 보면 저같이 심리학자면서 창작자인 사람이 많지 않잖아요. 박사 과정을 하면서 성장하는 사람도 많이 없고요. 그러다 보니까 공통의 관심사를 가지고 있는 사람이 많이 없다고 느끼고, 흥미와 생각들을 주변 사람들과 나누기가 조금 어렵다고 느낍니다.

그리고 비슷하게, 19번(당신과 얘기를 나눌 사람들이 있다고 생각합니까?)에 체크는 했는데, "당신과 얘기를 나눌 사람들이 있지만 생각보다 얘기를 자주 나누기는 쉽지 않다"라는 의미로 받아들였어요. 딱 내가 뭔가 생각이 났을 때 "나 이거 생각했어", "저런 생각했어" 이렇게 가볍게 수다를 떨었던 사람들이 생각보다는 많지 않다고 느껴서 저는 늘 조금씩 잔잔한 외로움이 있는 것 같아요.

외로움을 마주할 때 비로소 보이는 것들

서밤 이번에는 나는 외로움에 대해서 어떻게 대처하는 편인지 또는 나는 외로움이 내 삶에 어떤 영향을 미쳤고 또 외로움에서는 무엇을 배웠는지를 얘기해 보면 좋을 것 같아요. 저는 제가 이렇게 왕성하게 SNS를 하는 게 외로움 때문인 것 같거든요. 외롭기 때문에 저는 어떻게든 대처하려고 하는 편이에요. SNS에 그림일기를 올리거나 글을 올리면 되게 많은 사람들과 대화하게 되잖아요. 친구한테 전화를 한다든가. 정 안 되면 고양이라도 데리고 고양이와 대화를 한다든가. 그래서 저는 외로움을 잊으려고도 많이 노력하는 편이에요. 즉각적인 회피, 이게 저의 외로움 대처 방법인 것 같아요. 뭔가 잊으려고 계속 사람들 게시물에 댓글도 달고 괜히 스레드도 올리고 그렇게 한 것 같아서 외로움이 저에게는 뭔가 뻗어 나갈 수 있는 어떤 근본적인 감정이 아니었나 싶어요. 내가 외롭지 않았다면 이렇게 많은 사람들과 연결되기 위해서 열심히 노력하지 않았을 것 같아요. 근데 외로웠기 때문에 엄청나게 많은 가지를 뻗으면서 정말 다양한 사람들과 접점을 만들려고 노력했던 게 아닌가 하는 생각이 들어요.

최새봄   저도 좀 비슷한데, 저도 외로웠기 때문에 글을 썼던 것 같아요. 어릴 때, 아침에 아버지가 출근하시면서 절 친할머니댁에 데려다주시고, 엄마가 퇴근하시면 저를 픽업해서 집으로 데려오셨거든요. 초등학교 2학년 때 동생이 태어나면서 엄마가 일을 관두시면서 집에 계시게 됐어요. 생각해 보면 제가 어렸을 때 글을 빨리 배웠던 이유가 혼자 있는 시간이 많아서였던 것 같아요. 낮에는 물론 할머니와 함께 시간을 보냈지만, 할머니께서 집안일을 하시거나 할 땐 저 혼자서 놀아야 하잖아요. 그때 글자 쓰기 같은 걸 시키셨던 거죠. 그래서 저는 따로 한글을 안 배우고, 5살 때쯤에 자연스럽게 글을 읽게 되었던 거예요. 어떻게 보면 외로움이 제 삶의 근원같이 있었던 것 같아요. 글을 쓰고 그림을 그리면서, 혼자 있을 때 나의 이야기를 하는 과정이 저의 핵심 같은 느낌이 되었던 것 같아요. 그렇다고 외로움을 즐기는 건 아니지만, 외로움이 느껴질 때 그게 막 너무 싫고 빨리 벗어나야겠다는 생각은 들지 않아요. 외로움은 누구나 느끼는 것이기 때문에, 오히려 왜 이 외로움이 느껴질까를 생각하게 돼요. 지금은 그래서 그냥 외로움이 느껴질 때 외로움을 보려고 한다. 그렇게 생각합니다.

오알록 저는 외로움이 내 삶에 어떤 영향을 미쳤는지를 생각해 봤는데요. 초등학교 때는 지금보다도 훨씬 더 조용했고 혼자 있는 게 더 마음 편했어요. 보통 어릴 때는 다들 뛰어다니고 놀고 그러는데, 전 그게 이해가 안 됐었거든요. 그래서 그때부터 약간 외로움 해소를 위해 책을 읽었던 것 같아요. 올해 만들게 된 그림책 이야기가 초딩 때 처음 낯선 사회(학교)에 적응하기 위해 노력했던, 제 모습이 담긴 이야기거든요. '내가 학교라는 새로운 환경에 적응하지 못해 힘들었는데, 다른 사람들도 나 같은 상황에 있을 수 있다'라는 생각에서 쓰기 시작했어요. 특히 코로나가 한창일 때, 조그만 아이들이 말하길, 교실에서 마스크 쓰고 각자 자리에만 앉아 있으니까 서로 어떻게 생긴 지도 모르겠고, 친구인지도 잘 모르겠다고 이야기하더라고요. 서로가 낯설어 외롭게 자기 자리를 지키고 있는 이 아이들을 위해서 도울 수 있는 방법이 뭘까 고민하다가 그림책을 만들게 되었어요. 과거의 제가 느꼈던 외로움이 글과 그림으로 연결되었던 거예요.

홍의미   저는 예전에는 외롭다고 느껴지면 주변에 연락을 해서 약속을 잡았어요. 하지만 지금은 딱히 외롭다고 느끼지는 않아요. 그래서 오히려 마음이 편하고요. 그래서 요즘에는 '사람은 누구나 외로우니까 외로움을 인정하고 그냥 내 할 일을 하자' 이렇게 많이 바뀌게 된 것 같아요. 외로움은 나와 함께 평생 가야 하는 감정이니까, 내가 지금 할 일을 해보자. 집 청소를 하든, 산책을 하든, 책을 읽든, 이런 식으로 시간을 보내는 방법을 점점 배우게 됐어요.

배현정   저도 근래에 외로웠던 기억이 뚜렷하게 있진 않아요. 물론 가정적으로 지금 저의 룸메가 없었으면 외로웠을 것 같아요. 왜냐면 제가 원하는 정도의 거리감이 유지가 되고 있거든요. "나 오늘 아침에 어디 갔다가, 독서모임 갔다 올 거야." 그러면 하루 그냥 따로 보내는 거예요. 딱히 연락도 잘 안 하는데 전 그 거리감을 굉장히 좋아해요. 어쨌든 집에 가면 만날 수 있고 내가 특별히 엄청나게 높은 진입 장벽을 넘어야 되는 것도 아니고, 회사 일로 스트레스를 받는다거나 이럴 때 내 얘기 5분 들어달라고 언제든지 편하게 요청할 수 있는 사람이 있는 거니까요. 그래서 '만약에 그가 지금 없었다면 내가 인생에서 느꼈을 외로움이 여기서 많이 메워지는구나. 그래서 내가 지금 특별한 수요가 없구나'라고 생각을 하긴 해요.

김형준   저는 약간 디폴트가 외로움인 것 같아요. 디폴트가 외로움이어서 일로 그거를 채우게 되는 것 같고요. 뭔가 내가 목적이 생기고 할 일이 있으면 또 그것에만 전념할 수 있으니까요. 그래서 일과를 항상 채우거든요. 일과를 다 채우고 집에 오면은 그때부터 외로움이 시작이 돼요. 그때가 밤 11시, 12시 이러니까 친구들한테 연락하기도 좀 그렇고요. 직장 다니고 있는 친구들도 있으니까요. 한 번은 진짜 너무 외로워서 연락을 해봤는데 받아줘 가지고 한참 동안 통화했었어요. 그때 진짜 너무 충족감이 들더라고요. 충족감이 들었는데 내가 이거에 너무 의존해선 안 되겠다는 생각도 그때 확 들더라고요. 너무 달콤하지만 그 친구는 어쨌건 나를 위해 에너지를 그만큼 소모한 거니까 이거를 너무 많이 이용해선 안 되겠다고 생각했어요. 근데 이게 참 어려워요. 그래서 요즘은 주로 그냥 핸드폰 하거나 아니면 자거나 하는데 아직도 뭔가 성숙한 대처 방안을 찾지는 못한 것 같아요. 가끔씩 집안일을 하거나 할 때도 있는데 거의 대부분은 집에 오면 쓰러져서 핸드폰 하고 그런 것 같습니다.

민수경   근데 진짜 너무 공감하는 게, 어제 제가 있는 공유 오피스에서 연말이라고 사람들이 다 모여서 파티를 하더라고요. 그래서 다녀왔는데 뭔가 그런 자리는 사실 1시간, 2시간 정도 잠깐 만나고 인맥을 쌓는 자리와 비슷하더라고요. 뭔가 저는 거기서도 약간 외로움 비슷하게 느꼈던 것 같아요. 사실 그냥 기대가 높았던 게 아닌가, 어제 이 책 읽고 그 모임 끝나고 오면서 그런 생각이 들더라고요. 저는 저의 자연스러운 모습이나 자연스러운 텐션이 아닌 상태로 상대방을 대할 때 약간 외로움을 느끼는 것 같긴 해요. 관계에 대한 기대치가 높을 때도 그렇고요. 그래서 예전에 이걸 알고 제 텐션대로 대화를 하려고 노력하니까 어느 정도 외로움이 극복되는 것 같더라고요. 물론 그런 때는 잠깐이었고 그 이후로는 그냥 흘러가는 대로 지내고 있는 것 같긴 해요. 저한테는 그게 좀 과정인 것 같아요.

이미리내 평소와는 다른 텐션으로 상대방을 대할 때 외로움을 느낀다는 부분이 정말 공감되네요. 아무리 많은 상대를 만나고 얘기를 나눈다 한들, 결국 진정으로 자기 자신과 맺은 관계들이 아니니까요. 그리고 제 외로움 대처 방식은 음악을 듣지 않는 거예요. 저는 평소에 음악 감상을 정말 좋아해서 첫 월급으로 헤드폰을 살 정도였는데요. 언젠가 기회가 닿아서 천주교 주교님 한 분과 짧게 대화를 나눈 적이 있어요. 그때 주교님께서 음악 감상을 줄여보라는 말씀을 주셨어요. 그래서 하루는 정말 음악을 듣고 싶은 날에 일부러 가만히 정적을 느껴봤어요. 생각보다 괜찮은 경험이더라고요. 무료하기도 하고 외로운 감정도 들었는데 좋았어요. 그 뒤로는 이제 음악을 자주 듣지 않아요.

배현정 외로움을 충족시켜 주는 그 무엇, 상대에 대해서 기대치가 크면 빨리 실망하는 것 같아요. 이 사람에게 내가 모든 얘기를 다 할 수 있고 내가 털어놓고 싶은데 그게 시간이 안 되든 서로의 마음이 안 맞든, 어쨌든 안 됐을 때 좌절하게 되거든요. 근데 애당초 이 사람에게 모든 걸 기대하는 게 아니라, 너와 나의 교감 혹은 우리의 수요가 맞는 지점이 따로 있는 거예요. 이걸 딱 맞춰서 채우면 좋을 텐데, 기대치가 다들 좀 높은 게 아닐까 싶기도 해요.

이혜진 제가 말을 안 한 것 같은데요. 다시 앞 페이지로 넘어가서 상황적, 일시적, 만성적 외로움으로 외로움을 분류를 해보니까 저는 이 일시적인 외로움과 상황적인 외로움 사이에 있는 만성적 외로움이 그렇게 오래 가지는 않아요. 금방 다음으로 이렇게 넘어가는 거, 이게 대처법인지는 모르겠는데 좀 외로움은 빨리 인정하는 편인 것 같아요. 반면에 오히려 상황적인 외로움이 더 길게 가요. 이럴 때는 엄마라든지 뭐 친한 선배라든지 이렇게 좀 편하고 믿을 수 있는 사람들, 그런 사람들과 되게 오래 떠드는 것 같아요. 그래서 이 모임에서 처음에 너무 다른 사람의 바운더리를 공격한다는 느낌이 들 정도로 저 자신에 대해서, 제 삶에서 불편함을 느꼈던 거라든지 사소한 것까지도 상대방한테 너무 많이 털어놓았던 거 같아요.

그런 식으로 저는 외로움을 해소했던 편인 것 같기는 해요. 그리고 정서적 외로움과 사회적 외로움이 있는데, 저는 둘 다 느낀 것 같거든요. 그러니까 정서적 외로움은 부모, 배우자,

친구 등 매우 친밀한 관계가 유지됐다가 상실될 때 느꼈던 것 같아요. '다 부모도 있고 배우자도 있고 친한 사람도 있기는 한데 그게 과연 매우 친밀한 건가?'라는 생각을 하게 되죠. 많이 떠들고 이런 물리적인 시간을 떠나서 사회적인 공통의 관심사는 사실 직장 상사 뒷담화라든지 아니면 커리어에 대한 고민이라든지 아니면 저희 가족에 대한 관심사잖아요. 그런데 제가 모임 초기에 이태원 참사 추모와 관련해서 회사 선배랑 얘길 했던 걸 나눴었잖아요. 정치적이니까 그런 얘기 회사에서 하지 말란 얘길 들었다고요. 그 얘기는 사실 여기서만 한 거거든요. 저는 정서적인 공감을 많이 받고 싶은데 정작 만나는 사람들하고는 그렇질 못해요. 그래서 사회적 외로움, 정서적 외로움 둘 다 느끼고 있고요. 실존적인 외로움은 느껴본 적 없고 물리적인 외로움, 이게 결국은 신체적 접촉이랑 스킨십이잖아요. 주변에 남자가 없은지 좀 오래 돼서 이것도 자주 느끼고 있는 중입니다. (웃음)

> **외로움, 더 늦기 전에 이야기해야 합니다!**

서밤 얘기를 들어보니까 어떤 분들은 관계의 절대량이 부족해서 외로운 분들도 있고, 어떤 분은 관계에 대한 기대치 때문에 외로워하시는 분들도 있고, 혹자는 소통이 안 됐을 때 외로움을 느끼는 분들도 계신 거 같아요. 그만큼 외로움의 유형이 다양한 것 같아요. 저는 이 책을 읽으면서 우리가 더 늦기 전에 외로움에 대해 이야기해야 된다는 생각이 들었어요. 여러분은 그 이유로 어떤 게 떠오르시나요?

최새봄   외로움에 대해 이야기하는 순간 외로움이 덜어지는 거 같아요. 왜냐하면 우리는 늘 나만 그런 게 아니라고 느낄 때 얻는 그 위로, 연결 그게 되게 큰 것 같아요. 그래서 저도 사실 이렇게 막 징징대는 거 되게 안 좋아해서 힘든 일이 있으면 참고 해결을 해야지 하는 시니컬한 생각이 더 컸었거든요. 그런데 2년 동안 모임을 하면서 많은 사람들이랑 만나 내밀한 얘기를 나누는 시간을 계속 쌓다 보니까, 그게 아니라는 걸 스스로 느끼고 변하게 됐던 것 같아요. 그래서 외로움에 대해서도 얘기하고 내가 힘들었던 거, 내가 실패했던 거 아니면 내가 지금 뭔가 힘들다고 느끼는 지점 같은 거에 대해서 막 한탄하고, "다 글러먹었어" 이런 게 아니라 그냥 자기 자신의 지금 상태를 취약한 데까지 드러내는 것도 되게 필요하다는 생각을 했어요. 그리고 그렇게 한다고 해서 내가 약해지는 게 아니라는 것도 알았죠. 이제 여기에서도 비슷한 얘기들이 나오는데 외로움도 그런 것 같아요. 그래서 내가 지금 외롭다고 느낀다면 외로움에 대해서도 얘기하고, 만약에 앞에 있는 사람이 지금은 외롭지 않아도 분명히 언젠가 외로움을 느꼈을 거기 때문에 그런 이야기를 나누는 것만으로도 외로움이 좀 가벼워지고, 그러니까 얘기해야 되는 게 아닐까 생각해요.

오알록　새봄 님께서 말씀하셨던 거랑 연결되는 부분인데 여기 사례에서 어떤 분이 재활 모임에서 이야기를 그냥 듣고 있다가 나중에 다른 사람의 이야기에서 그 문장 안에 자신의 이야기가 담겨 있을 때 그때 위로를 많이 받았다는 내용이 나오는데요. 확실히 이렇게 이야기를 나눴을 때 외로움이 덜어진다고 말씀하신 것처럼 외로움이란 감정은 인간이라면 누구나 다 느낄 수 있다는 사실이, 나는 결코 혼자가 아니라는 결론으로도 연결되는 것 같아요.

서밤　제가 심리학에서 봤던 문구 중에 되게 좋았던 게 "느끼는 것은 치료할 수 있다"라는 말이거든요. 그러니까 외로움을 느껴야 결국 우리가 치유의 방향으로 나아갈 수 있는 거 같아요. 사실 우리 사회의 외로움이나 고립이 사회적인 문제들과 연결되어 있는 경우가 많잖아요. 결국 소수자나 사회적으로 배척된 집단들이 외로움과 고립에 훨씬 더 취약할 수밖에 없잖아요. 근데 그런 게 정말 문제라고 이야기해야, 그러니까 "외로움은 결코 가벼운 감정이 아니다"라고 이야기를 해야 그때부터 우리가 그럼 이걸 어떻게 해소할 수 있는지를 고민할 수 있거든요. 노인들이 겪는 외로움들 혹은 사회적 소수집단이 겪는 고립감이나 배척감들, 이런 것들을 우리가 어떻게 치유해 나갈 수 있을지에 대해 문제 제기를 해야 비로소 이야기를 시작할 수 있지 않을까. 외로움은 하루에 15개 담배를 피우는 것과 같다는 문구 같은 걸 보잖아요. 그러면 사람들이 "나는 외롭지 않으니 15개비를 피우겠다" 막 이런 얘길 하는데, 뉴질랜드에서는 건강보건 관련해서 '외로움 부서'라는 게 생겼다고 해요. 그만큼 외로움을 심각한 질병 중에 하나로 보고 있는 거예요. 그래서 우리가 이거를 얘기해야 그다음이 있는 것 같아요. 수많은 사람들이 외로움으로 고통받잖아요. 특히 우리나라 자살도 문제인데, 그 사람들 다 엄청 고립된 사람들이거든요. 이제 외로움이 문제다. 그렇다면 이걸 어떻게 할 거냐, 여기에 대해 무엇을 할 거냐가 나올 수 있는 것 같아서 좀 얘기해야 된다고 생각합니다.

이혜진 저도 그 얘기를 되게 하고 싶었거든요. 개인이 느끼는 감정적인 외로움뿐만 아니라 그처럼 사회적인 상황이 외로운 사람들, 이 문제에 대해서 많이 공론화가 돼야 된다고 생각을 해요. 과거에 도쿄 올림픽 열렸을 때 거기 돔구장 짓는 데 얼마가 들었으며 수용 인원은 얼마고 이런 뉴스는 되게 많이 나왔었는데, 외신 보도 보면 그 주변 슬럼가에 거주하는 사람들이 보이지 않도록 일본 정부가 조처를 취했었다는 보도가 있었어요. 도쿄 주변 슬럼가에 그렇게 외롭고 힘들게 사는 사람들이 되게 많은데, 그 사람들이 이렇게 잘 숨어 있어서 다른 사람들한테 보이지 않았던 거죠. 그 언론 보도상으로도 그렇고요. 그러니까 아까 뉴질랜드의 외로움 관련된 부서를 얘기하셨는데, 경제적인 규모로는 일본이 훨씬 더 큰 나라이긴 하지만 저는 진정한 선진국은 외로움을 이렇게 잘 공론화하고 그것을 공식적으로 적극 대처할 수 있는 정부가 있느냐 없느냐로 결정된다는 생각을 했어요.

차주원 책에 '남성들의 오두막집'이라는 에피소드가 나오는데, 거기서 특히 남성들은 외롭다고 말하면 자신을 패배자인 것처럼 느낀대요. 그래서 외로운 남성들이 모여서 톱질을 할 수 있는 공간을 제공하는 그런 오두막 협회도 있대요. "여기 외로운 남자들 모이세요" 이러는 것도 아니고 그냥 "할 일 없으신 분들 오세요. 와서 마음대로 하십시오". 하고 싶은 대로 사포질을 하든 나무를 두들기든. 거기 모인 남자들은 막 저희처럼 대화를 하지도 않는대요. 여자분들처럼 농담 따먹기 조금 하고 그냥 그걸로 외로움이 해소가 된다고 하더라고요. 그런 식으로 사실 외로운 줄도 모르고 외로운 사람들이 너무 많은 것 같아요. 현대 사회에 이렇게 외로움에 대해 얘기를 해야 우리가 외로운 줄도 알고 앞에서 다른 분들이 다 말씀하셨지만 더 좋은 방향으로 해결될 수 있지 않나 그런 생각을 해봤어요.

이정화 그런 게 없으니까 사람들이 작은 공동체에 참여할 기회도 없고, '디시인사이드' 같은 인터넷 커뮤니티 활동에 더 몰입하는 것 같아요. 어떻게 보면 태극기부대도 마찬가지고요.

홍의미 태극기부대 관련해서 연구한 게 있는데, 연구팀이 태극기부대에 참가하는 분들 인터뷰를 했대요. 이 활동을 정말 극우적인 사상을 가져서 하는 건지 참가자들한테 물어봤는데, 그들의 대답이 외로워서 여기 나온다는 거예요. 그러니까 내가 집에 있으면 혼자 있는데, 여기서는 내가 혼자가 아니라는 거예요. 뭔가 그 안에서 공동체에 대한 소속감을 느끼는 거죠. '어른들이 대체 왜 저럴까?'라고도 생각할 수 있지만, 왜 저런 선택을 할 수밖에 없었나 하고 생각해 보면, 그 마음속에 외로움이라는 게 있는 거죠. 이게 사회적인 문제가 될 수 있는 거고요.

저는 이럴 때 연결감을 느껴요

서밤 지금까지는 외로움에 대해서 이야기를 나눠봤는데요. 그럼 이제 반대로 연결감을 느낄 때는 언제이고, 또 어떻게 느끼는지 얘기해 보면 좋을 것 같아요. 여러분들은 어떨 때 연결감을 느끼세요?

손주연 상황마다 다를 것 같은데 제가 뭔가 소외감을 느끼고 있는 상황에서는 그냥 진짜 친절 하나만으로도 연결감을 크게 느껴요. "너 이거 괜찮아?" 같은 질문 하나만으로도 그런 걸 되게 크게 느끼죠.

배현정 저는 좋아하는 대상이 됐든 나의 감정이 됐든 뭔가를 얘기하고 표현했을 때 그게 막히지 않고 흘러가면 연결감을 느껴요.

김혜진 저는 제가 중요하다고 생각하는 걸 상대도 같이 중요하게 생각해 줄 때 연결감을 느껴요. 뭔가 행동을 하지 않아도 내가 중요한 거를 상대도 중요하다고 여기고 있을 때인 거죠.

이미리내 저는 굳이 말할 필요가 없을 때, 그리고 대화를 시작하면 끝없이 말하게 될 때 연결감을 느끼게 되는 것 같아요. 설명을 보태자면 전자는 저를 설명하는 의무로부터의 해방감이고, 후자는 제가 무슨 말을 해도 받아들여질 거라는 믿음이에요.

배현정 의외로 이런 것도 있는 것 같아요. 생각해 보니까 가까운 친구라서 책을 같이 좋아한다고 해도 취향도 다르고 삶도 다르고 다 다르잖아요. 근데 거기서 우리가 똑같을 필요도 없고 같은 책 좋아할 필요도 없고 이 사람이 인생 책이라면서 추천했던 그 책이 나에게는 별로일 수도 있잖아요. 그런데 내가 뭔가를 좋아할 때 저 사람이 비록 난 잘 모르겠지만 그걸 존중한다는 표시를 어떻게든 할 때 진짜 서로 연결돼 있다는 걸 느끼죠. 취향이 같을 때 스파크가 터지듯 함께 좋아하는 건 운 좋게 취향이 통했을 때 얘기고요. 그런 게 아님에도 불구하고 어떤 방식으로든 취향을 존중해 주고 상대가 행복한 모습을 보면서 그 느낌을 좋아할 때 연결된다고 느끼는 것 같아요.

서밤   저는 그것과 관련해서 호기심을 가지고 질문해 주기. "그게 왜 좋아? 난 잘 이해가 안 되지만 너는 그게 어떤 게 좋은 거야?"라고 이렇게 질문해 줄 때 이 사람이 나랑 되게 연결되고 싶어 한다는 걸 느껴요.

이정화   누군가 나를 이해해 주고 사소하지만 제 마음을 읽어줄 때인 것 같아요. 별 게 아닌데 내 사소한 행동을 그냥 읽어주는 데에서 연결감이 느껴지는 것 같아요. 예를 들면 저는 그냥 아무 생각 없이 예전에 길을 가는데 어떤 아저씨들이 옆에서 너무 시끄럽길래 "아저씨들 왜 이렇게 시끄러워" 약간 혼잣말로 딱 중얼거렸더니 이 친구가 "그냥 그 사람들이 시끄러울 수도 있지. 너 이럴 때마다 되게 청각적인 거에 예민해지는 것 같다"라고 말하더라고요. 뭔가 비난하는 어조는 아니었는데 약간 저의 그런 특성을 관찰해서 딱 얘기를 해줬는데 뭔가 기분이 좋은 거예요. 누군가 나를 관찰하고 행동을 읽어주는 게 은근히 기분이 좋다고 느꼈던 것 같아요. 그 말을 해주는 순간 이 사람이 나한테 정말 관심이 있구나 하고 느껴졌어요. 물론 나의 깊은 마음을 알아주고 공감해 주고 뭐 이런 것도 연결감을 느낄 수 있는데 이런 사소한 걸로도 연결감이 느껴지는 것 같아요. 감정 읽어주기, 뭐 이런 것도 있겠지만, 행동 읽어주기도 연결감을 느끼게 해요. "너 가만 보면 되게 커다란 귤만 먹는다"라든가, "언니는 되게 문어를 좋아한다"라든가, "문어만 먹는다"라든가.

상황마다 다를 것 같은데 제가 뭔가 소외감을 느끼고 있는 상황에서는
그냥 진짜 친절 하나만으로도 연결감을 크게 느껴요.
"너 이거 괜찮아?" 같은 질문 하나만으로도 그런 걸 되게 크게 느끼죠.

오알록 일전에 대학생의 취업을 돕는 일을 했는데, 당시 퇴사를 앞두고 "이제 여러분과 똑같은 취업준비생이다"라고 이야기했어요. 그랬더니 그분들이 저를 걱정해 주는 거예요. 왜 퇴사를 결심하셨는지, 그리고 어디로 가실 건지 물어보면서요. 그때 제가 그동안 열심히 해서 이분들이 나를 이렇게 이해해 주는구나 하는 마음을 느꼈어요. 그때 연결감이 느껴졌고요.

홍의미 저도 친구들한테 갑자기 가끔 연락이 올 때 그런 연결감을 많이 느껴요. 저는 오랜만에 저한테 연락하는 친구들도 늘 똑같이 연락을 받거든요. 한 번은 오랜만에 연락한 친구가 너무 고맙다는 거예요. 항상 연락하고 싶은데 뜬금없이 전화했다고 이상하게 생각할까봐 연락을 주저했다는 거예요. 그런데 그 친구는 중학교 때부터 오랜 친구거든요. 그래서 저는 항상 반갑게 연락을 받아주는데, 그 친구가 자기 연락을 받아줘서 정말 고맙다고 얘길 해주더라고요. 이런 친구들이 있어서 제가 오히려 연결감을 느끼게 돼요. 진짜 친한 친구가 있는데 그 친구랑은 거의 매일 카톡을 해요. 그냥 뭐 특별한 일이 아니어도, 많은 대화를 하지는 않아도, 하루의 일상을 공유하는 친구예요. 이 모든 친구들이 다 고마워요. 제가 전에 친구들에 관해 브런치에 썼던 글 중에 마지막 문장이 "나를 믿고 지지해 주는 사람들이 있기 때문에 내가 혼자의 시간도 잘 즐길 수 있는 것이 아닐까"라고 적었었어요. 연락을 자주 하던, 가끔 하던 친구들은 그 자체로 제 원동력이 되는 것 같아요.

서밤 저도 되게 공감되는 게 친구가 문득 전화해 줄 때 그때 되게 연결감을 느끼거든요. 힘든 일 때문에 전화해 줄 때도 연결감을 느끼지만 사실 그냥 TMI를 하려고 전화했을 때 친구가 나를 정말 가깝게 생각하는구나 라고 느끼는 것 같아요. 낯선 사람들과 연결감을 느낄 때는 영감을 주고받을 때, 뭔가 "맞아, 우리 지금 너무 좋은 영향력을 서로 주고받고 있는 것 같아"라고 느껴질 때 그때 엄청 연결감을 느끼는 것 같아요.

그러면 이제 이어지는 질문인데, 이 책에서는 우리가 진정으로 나를 드러내고 수용받는다고 느낄 때 연결되는 감각이 느껴진다, 그래서 사람들과 가장 진실한 감정을 공유할 때 우리는 이제 관계가 형성되기 시작한다고 이야기를 하거든요. 여러분들은 어떨 때 좀 나를 드러내고 수용받는다는 느낌을 받는지 혹은 공유하고 싶은 가장 진실한 감정이 있다면 어떤 것들인지 얘기하고 싶은 만큼만 나눠볼게요. 우리 모임에서 공유하고 싶지 않을 수도 있으니까 얘기하고 싶은 만큼만 공유해 주시면 좋을 것 같아요. (웃음)

이혜진 이 모임 자체가 나를 드러내고 수용받는 모임인 것 같아요.

서밤 좋다. 혹시 "나는 이런 감정을 공유할 때 조금 진실해진다고 느낀다" 하는 감정들도 있어요?

이혜진　불편한 감정들이 있잖아요. 그런 거를 있는 그대로 드러내도 그게 온전히 존중받는다는 느낌이 들 때가 나를 드러내고 수용받는다고 느낄 때인 것 같아요.

김혜진　저도 비슷한데요. 아무에게나 보여줄 수 없는 것, 예를 들면 수치심 같은 것들을 믿고 들어줄 때. 상대방이 충격을 받을 수도 있고 나와 거리를 둘 수도 있고, 다양한 반응이 있을 수 있는데, 그걸 아무렇지도 않게 받아들여 줄 때, 그때 수용받는다고 느껴요.

민수경　내가 이야기한 수치심에 대해서 그 친구도 이야기해 줄 때, "나도 그래"라고 말해 줄 때 수용받는다는 느낌을 받을 때가 있어요. 그럴 때 느끼는 연결감이 제일 큰 것 같아요.

차주원　맞아요. 서로의 취약점을 드러내도 걱정이 되지 않고 그런 것에 대해 함께 진심으로 걱정해 주고 고민을 같이 나눠 줄 때 약간 수용받는다는 느낌이 들어요.

이미리내　저는 '감탄'을 꼽고 싶어요. 전 평범한 것들도 문득 아름답고 신기하게 느껴질 때가 있는데요. 이 감정을 그대로 드러내면 당연한 거 가지고 그러느냐는 리액션을 받을 때가 종종 있어요. 그래서 제가 무언가에 대해 감탄을 할 때, 그리고 상대가 이에 맞장구칠 때 제 감정이 온전히 이해받는단 기분이 들어요.

서밤 다들 너무 아름다운 얘기들을 하시는 거 같은데, 저는 솔직히 뒷담화 할 때 이걸 제일 많이 느끼거든요. (일동 웃음) 가끔 악플까지는 아닌데 되게 빈정 상하는 댓글이 달려요. "내가 그걸 모를까?" 약간 이런 식으로 댓글이 달리거든요. 근데 진짜 아무한테도 얘기를 못 하겠는 거예요. 그럴 때 늘 캡쳐를 해서 친구한테 보내요. 그러면 친구는 내가 어떤 사람인지 알잖아요. 누구나 겉으로는 어쨌든 윤리적이려고 하지만 내밀하게는 100% 윤리적이지 않잖아요. 그렇지만 그 친구는 제가 윤리적으로 행동하려고 노력하는 것도 알고, 또 제가 항상 윤리적이지는 못하다는 것도 동시에 알아요. 그래서 친구가 "이 자식 진짜 짜증 나. 지가 뭘 안다고 이렇게 말해?" 이렇게 말해줄 때 수용받는다는 느낌이 들어요. 나를 판단하지 않고, 짜증 나는 일이 있을 때 같이 화를 내줄 때 그렇게 느끼는 거죠.

손주연 저도 생각해 보면 뭔가 자연스럽거나 솔직한 감정들을 드러냈을 때, 그게 자연스럽게 받아들여졌을 때 수용받는다는 느낌이 들어요. 또 다른 때는 내가 겪은 상황을 얘기했는데 알고 보니까 이 사람도 그 상황을 똑같이 겪어서 그 감정과 느낌이 그 사람과 일치가 될 때 진정한 수용을 느껴요. 내가 말하지 않은 것까지 다 아는 거니까요.

서밤   그래서 저는 공유하고 싶은 가장 진실한 감정이 하나가 아니라 양가 감정일 때인 것 같아요. 그러니까 이 사람에 대해서 내가 혐오하는 마음도 있지만 또 한편으로는 이해하는 마음도 있고 이런 복잡한 감정일 때가 있잖아요. 근데 그 복잡한 감정을 아는 사람한테 얘기했을 때. 그러니까 내가 이 사람을 욕해도 이 사람의 단면을 욕한다는 것을 아는 사람한테 수용받는다고 느끼는 것 같아요.

> **연결하는 삶을 위해 무엇을 할 수 있을까요?**

서밤   저는 제일 얘기해 보고 싶은 게 연결감을 느끼기 위해서 우리가 뭘 할 수 있는지, 그리고 그 아이디어를 어떻게 실천으로 옮길 수 있는지 얘기해 보고 싶었거든요. 여러분은 어떻게 해야 연결감을 실천할 수 있다고 생각하세요?

이혜진   저는 공감하는 능력을 키우는 게 먼저 돼야지 연결감을 느낄 수 있다고 생각합니다. 공감하는 능력을 키우기 위해서 영화나 소설이나 이런 걸 좀 일부러 많이 찾아봤던 것 같아요. 예전에는 논술 준비를 위해서 일부러 다이제스트로만 읽는다든지 영화보다는 다큐멘터리를 더 많이 본다든지 했다가, 좀 감정적인 그런 것들이 많이 나오는 걸 일부러 스스로 찾아보는 걸 몇 년을 반복하다 보니까 요즘 인기 있는 MBTI나 이런 것도 많이 다르게 나오더라고요. 그래서 연결감이라는 것도 후천적인 노력을 통해서 좀 가능해지는 게 아닌가 하는 생각이 들어요.

최새봄   두 가지를 이겨내야 될 것 같아요. 두려움과 귀찮음. 여기서도 나오듯이 뭔가 거절당했던 경험이나 뭐 그런 것들. 그리고 거절당할지도 모른다는 두려움 때문에 외로움으로 가게 되는 경우가 많다고 하잖아요. 그러니까 어쨌든 뭔가 연결감을 느끼려면 내가 아닌 타인을 만나러 가야만 하는 거죠. 그런데 나랑 맞는 사람이 없을 수도 있고, 내가 연결되고 싶은 사람이 날 거절할 수도 있는 그런 두려움을 이겨내야 돼요. 그리고 또 동시에 거기까지 가는 그 귀찮음, 그것도 이겨내야죠. 그 두 가지를 이겨내고 가면 어쨌든 연결감을 느끼기 위한 시작은 되는 게 아닐까.

오알록   앞에 나온 것처럼 우리도 낯선 사람과 이야기하는 걸 한번 실천하면 연결감을 느낄 수 있다고 생각해요. 최근에 서울 여행을 하면서 혼자 게스트하우스에 머물렀는데 한 외국인을 만났어요. 그분이 엄청 큰 캐리어를 끌고 오셨는데, 조금 어설프고 어색한 모습이 누가 봐도 혼자 온 것 같았어요. 또 제가 옛날에 혼자서 유럽 여행 갔을 때의 느낌이 나는 거예요. 보통 낯선 사람한테 말 잘 안 거는데 갑자기 용기가 나 가지고 혹시 혼자 오셨냐고 물어봤어요. 만약 그때 친구랑 있었다면 아마 친구랑 수다 떠느라 말 안 걸었을 텐데, 이런저런 얘기를 하다보니 마침 저는 아래층 침대를 썼고 저와 연결된 위층 침대가 그분 자리라고 하더라고요. 서로 통성명을 하면서부터 우리나라에 대해서 좋은 점을 빨리 알려주고 싶고 나중에 이 나라를 벗어났을 때 '친근함, 정' 이런 키워드가 떠올랐으면 좋겠다고 생각이 이어졌어요. 괜히 다음날 일정을 물어보고, 순두부찌개 맛있는 식당에 데리고 가고 갑자기 인생네컷 사진도 같이 찍으러 가자고 일정 추가하고. 제가 원래 타인에게 크게 관심을 가지고 들여다보는 성격이 아닌데, 제가 혼자 유럽 여행을 갔었던 기억이 없었다면 이렇게 하지 않았을 거예요. 그런데 당시 저도 유럽 여행 하면서 좋았고 감사한 기억이 있고, 그 기억은 평생 가는 거니까 그렇게 과감하게 그분에게 친절을 베풀었던 것 같아요. 그분이 또 우리나라는 처음이래요. 그래서 더 의무감을 가지고 가이드했던 경험이 있어요. '낯선 사람과 이야기하는 것이 연결감을 느끼고 소통하는 경험을 쌓는 데 참 좋구나, 언어적 소통이 잘되지 않더라도 충분히 정서적인 연대감을 느낄 수 있는 거구나'라는 생각이 들었어요. 근데 그때 이후로는 제가 평소에 그런 사람이 아니니까 나중에 부산 가서 해볼까 했는데 안 되겠더라고요. 그래서 약간 그때 그 순간만 내가 용기가 났던 거라고 생각했어요.

서밤 진짜 용기라는 게 너무 중요한 키워드인 것 같은 게, 사실 저도 이 모임을 여는 게 용기였고 모든 모임을 열 때마다 두려움과 귀찮음을 이겨내고 여는 거란 말이에요. 근데 그렇게 시작해야 뭔가 시작되는 것 같아요. 아무것도 하지 않으면 아무 일도 일어나지 않는다. 그래서 사실 저는 지역공동체를 만들고 싶다는 마음이 되게 오랫동안 있었어요. 왜냐하면 지금 제가 사는 동네가 제가 어렸을 때부터 살던 동네이기도 하고 오랫동안 살 동네이기도 한데, 늘 안 될 이유들만 계속 생각했던 거예요. '여기는 대학가니까 내 또래 사람들이 안 올 거야', '근데 너무 귀찮아. 이거 해서 뭐 해?' 이런 생각도 들고요. 근데 그 동네에 되게 좋은 카페를 하시는 사장님이 한 분 계세요. 그 사장님이 최근에 결혼하셔서 제가 선물이라도 드려야지 하고 생각한 게 3개월째예요. 근데 그런 작은 용기들, 진짜 작은 실천들 그리고 정말 내 지역에 있는 사람들, 은평이나 망원처럼 성북구도 좀 그런 정감 있는 동네로 만들어보고 싶다, 내가 사는 동네를 그런 동네로 만들어보고 싶다, 어떻게 실천으로 옮길지 좀 생각을 해봐야겠다는 마음이 많이 드네요.

최새봄 연결감을 실천하는 덴 진짜 그 용기가 필요한 것 같아요. 왜냐하면 저도 서울 사람이니까 서울밖에 모르거든요. 사실 신도시에는 고층 아파트만 있고 내가 정붙일 게 아무것도 없어요. 여기는 그냥 내가 사는 집만 있을 뿐이지, 내 삶은 다 서울에 있는 건데. 사람도 일도 다 서울에 있으니까요. 그래서 제가 사는 곳에 되게 마음이 안 갔었다가, 용기를 내서 거기에서도 사람을 만나고 관계를 만들면 정을 붙이게 되겠지 라고 생각해서 또 찾아보다 보니까 독서 모임을 운영하는

진짜 용기라는 게 너무 중요한 키워드인 것 같은 게,
사실 저도 이 모임을 여는 게 용기였고 모든 모임을 열 때마다
두려움과 귀찮음을 이겨내고 여는 거란 말이에요.

데가 있는 거예요. 그래서 그 모임을 컨택을 했는데 "그럼 여기서도 하나 진행해 주세요" 해서 거기서 모임을 시작하게 됐어요. 그래서 처음으로 동네 사람 만난다, 이렇게 약간 두려움 반, 설렘 반으로 시작을 했어요. 해보니까 또 다 똑같은 건데 단지 내가 마음을 먹지 못했을 뿐이지 조금씩 마음을 열다 보니 또 '동네에 좀 더 붙여 볼까?' 이렇게 좀 느슨해지는 것 같아요. 빨리 다시 어떻게든 서울로 올 생각만 했었는데 여기에서 이렇게 생활할 수 있게 된 것도 또 새로운 기회가 될 수도 있고, 내가 못 만났던 그런 사람들을 만나게 되기도 하고 하니까요. 그렇게 생각을 바꾸니까 좀 괜찮았었던 것 같아요. 용기가 필요했어요.

김형준 방금 말씀하신 거 들으면서 나도 저렇게 해야겠다는 생각이 들었어요. 지금까지는 용기 내서 손을 뻗었다가도 상대편에서 별로 달갑지 않아 하면 제가 뻗었던 손을 슬며시 뺐거든요. 근데 그것보다는 그래도 내가 더 보고 싶으니까 만나자고 한 걸음 더 다가가는 게 좋겠다는 생각이 들어요. 나를 좀 더 드러내는 게 좋겠다는 생각이 들었어요. 지금 자주 만나는 친구들이 있는데 맨날 일로만 만나거든요. 일로 만나서 다른 이야기들도 하지만, 아무 목적 없이 그냥 커피 한잔 하자며 만난 적은 없는 거예요. 그래서 그렇게 한번 만나고 싶어요.

그리고 또 다른 하나는 '감사'예요. 이제 종강을 하고 여유가 좀 생겼거든요. 지금 맺고 있는 관계들에서 저를 반갑게 맞

이해주는 미소들이 문득 밤에 그냥 떠오르더라고요. 주변 사람들 얼굴을 생각하면서 정말 감사하다는 생각을 했어요. 제가 그렇게 친근하게 먼저 다가가는 사람도 아니고, 같이 일하는 친구들에 비해서 나이도 많고 한데, 잘 놀아주고 반겨준다는 생각이 들어서 정말 고맙더라고요. 그래서 마음이 충만해졌어요. 그래서 제가 이렇게 많이 사랑받고 있는 만큼 나도 남들을 더 사랑해야겠다는 마음이 들었고, 그걸 실천하게 됐습니다.

손주연 저는 이 책을 읽으면서도 그렇고 읽기 전에도 살짝 어떻게 연결감을 실천할지를 고민해 봤는데요. 연결감을 위한 세 가지 정도 액션 아이템을 생각해 봤어요. 첫 번째는 조금 더 내가 여유가 있을 때 친절하게 대해야겠다는 마음이에요. 일상에서 작은 친절들을 베풀어야겠다는 생각이 들었어요. 그리고 두 번째는 받아들이기 어려운 상황들에 대해서 조금 더 넓은 마음을 갖는 거예요. 친구가 약속 시간에 30분 넘게 왔다거나 하는 일들이 있을 때 무작정 비난하기보다는, 조금이라도 더 이해해 주는 거예요. 물론 그래도 정말 이해가 안 되는 순간들이 있잖아요. 그래서 생각한 세 번째 액션은 그런 때에 이런 점을 고쳐줬으면 좋겠다고 솔직하게 얘기하는 거예요. "내 감정은 이렇다. 이런 점을 고쳐줬으면 좋겠다." 이렇게요. 오래 알고 지낸 소중한 친구가 약속에 늦거나 모임을 자주 미루는데, 그럴 때 저는 솔직하게 이야기해요. "자꾸 이렇게 약속을 거절하니까 네가 나를 소홀하게 생각하는 것 같다." 그렇게 얘기하다 보면 서로의 상황을 좀 더 잘 이해할 수 있어요. 나중에 알고 보니 이 친구의 아버님이 너무 편찮으셔서 친구가 어려웠던 상황이었더라고요. 그래서 그 뒤로 친구랑 더 가까워졌어요. 친구 사이라도 선을 넘게 되는 경우에는 솔직하게 내 감정과 생각을 얘기하면서 상황을 조절하는 게 중요하다고 생각해요.

김혜진 저는 연결감을 느끼기 위해서 표현을 하거든요. 제가 서로 다른 기질에 대해서 계속 연구를 하다 보니까, 잠정적으로 타인을 100% 이해할 수는 없다는 결론을 내렸어요. 예를 들면 제가 ENFP인데, ISTJ는 저와는 반대 방향의 기질을 갖고 성장한 것이기 때문에, 노력으로 알거나 극복할 수 있는 성질은 아닌 거 같아요. 그렇지만 서로를 100% 이해할 순 없어도, 서로의 관계가 계속 쌓여서 타인을 인정해 주는 것이 연결감을 느끼기 위한 방법이라고 생각해요. 예를 들면 단톡에서 답장을 하는 사람과 안 하는 사람의 차이도 저는 그렇게 느껴요. 이 사람은 그럴 수밖에 없는 사람이라고 느끼는 거예요. 답장을 하는 것이 남보다 힘든 사람이 있는 거죠. 그래서 저는 연결감을 느끼기 위해선 나한테 자연스럽고 내가 쉽게 할 수 있는 일들을 먼저 해야 한다고 생각해요. 누군가 만나고 싶다면 먼저 연락해서 손을 내밀어야 하는 거죠. 저에게는 어려운 일이 아니니까요.

이미리내 저는 예전에 일상에서 받았던 작은 친절들을 기억해 뒀다가, 제가 친절을 베풀 일이 있을 때 꼭 실천을 해요. 최근에 영어 유튜브 영상을 찾아보다가 들은 내용인데, 어떤 분이 언어를 배우는 데는 인풋과 아웃풋의 비율을 3 대 7로 잡아야 한다고 말씀하시더라고요. 내가 배운 만큼 말을 해야 내 것으로 말할 수 있다고요. 그런데 전 이게 똑같이 우리 삶에 적용이 되는 것 같아요. 제가 친절을 받은 것 이상으로 친절을 베푸는 거죠. 그래서 예전엔 단톡방에서 답장하는 게 너무 부끄러워서 대답을 안 하다가, 한 번 리더 일을 맡았더니 답장의 소중함을 알게 된 거예요. 그때부터 저도 단톡방에서 이야기 나누면서 "그거 좋네요" 하면서 말해요. 그리고 새로운 인연을 맺은 사람들이 있다면 헤어질 때 감사의 마음을 적은 쪽지를 건네드려요. 그렇게 하면 좀 연결감이 느껴지더라고요. 그래서 내가 받았던 걸 잊지 않고 나도 누군가에게 베푸는 거죠.

서밤 작지만 되게 크다. 저도 그래서 다른 작가님한테 댓글 달고 좋아요 누르고.

민수경 저는 좀 개인적이긴 한데, 저를 잘 개방하는 노력을 하면 좋겠다 싶긴 했어요. 제가 더 많이 참여하면서 제 얘기를 하는 게 아직은 조금 부족한 것 같거든요. 그런데 왜 이게 어려울까 생각해 보면, 제가 아직 타인의 시선이나 판단에 대해 많이 민감해하고 익숙하지 않아서 두려움이 크기 때문인 것 같아요. 그래서 이 책에서 내가 남에게 다가서는 노력을 하는 만큼 남도 똑같이 나에게 친밀함을 느낄 수 있다는 설명이 있어서 좋았어요. 이걸 기억하면 남과 얘기하는 게 좀 더 편해질 것 같아서 그거를 좀 연습해 보고 싶어요.

서밤 그렇다면 여러분들은 이 모임에서 어떤 것들을 얻어 가는지 그리고 향후 이런 모임들이 있을 때 이런 거는 좋았고 이런 것들은 좀 보완하면 더 좋은 성과를 올릴 수 있을 것 같다는 게 있다면 가감 없이 의견 나눠주시면 더 좋은 모임을 만드는 데 자양분이 될 수 있을 것 같아요.

최새봄 우선 이 모임의 좋았던 점은 작가님이 구심점이 되고 작가님의 작업물이나 성과를 잘 알고 경험한 사람들이 모여서 의견을 나누어서 집중도가 되게 좋았던 것 같아요. 그리고 확실히 책을 만든다는 공동의 목표를 향해서 가니까 누가 이탈하거나 뭔가 흐지부지되거나 하는 희석되는 느낌 없이 집중해서 잘 가는 훌륭한 모임이었어요. 그래서 좋았던 것 같고 뭘 하면 좋을까를 생각해 보면 이걸 안 읽고 (일동 웃음) 좀 더 뭔가 적극적인 행동을 유도하는 과제가 더 많았으면 좋았을 거 같아요. 물론 더 힘들고 빡셀 수도 있었겠죠. 그래도 액션이 필요한 과제가 더 많았으면 좀 더 재미있지 않았을까 생각됩니다.

서밤 그 참 과제가 양날의 검이에요.

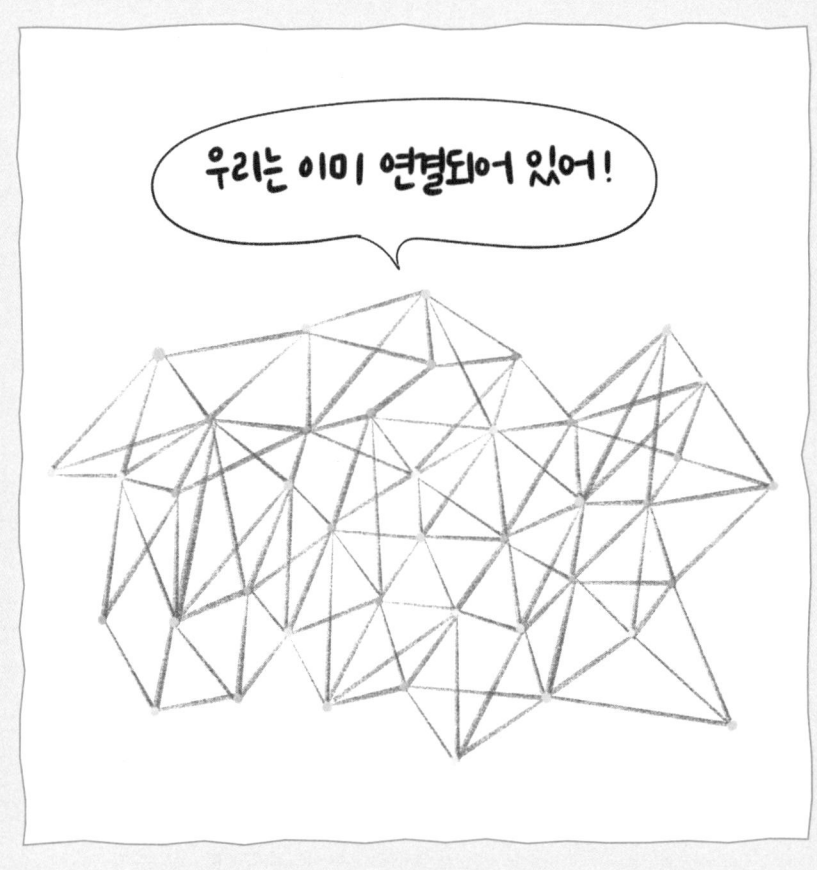

저는 이 모임에서 서로 있는 그대로 존중해 준다는 느낌을 받았어요.
그래서인지 이 모임에서 연결감을 얻어간다고 느껴요.
마치 전부터 알고 지내던 사람들처럼 뭔가 챙겨주고 싶은 느낌?
지속적인 연결이 가능할 것 같아요.

최새봄 그럴 것 같아요. 그러면 이제 확실히 나눠질 테니까. 그걸 즐기면서 집중하는 사람과 좀 부담스러워하는 사람들. 근데 또 한편으론 재밌지 않을까?

서밤 저는 사실 이 모임이 정말 한 권의 책을 만드는 모임이라면 모두가 공부를 해서 모두가 발제문을 썼어야 했다고 생각해요. 그렇지만 모두가 각자가 공부해 온 것을 가지고 이야기했다면, 안 왔겠죠, 사람들이. (웃음) 나 혼자 와 있어. 이상과 현실에 괴리가 있다. 다른 분들은 좀 어떤 것들을 얻어가시는 것 같아요?

이혜진 저는 처음에 이 모임에 기대하는 것에 대해서 얘기를 했었던 것 같아요. 거기에서 저는 작가님에 대해서 전혀 모르는 상태에서 그냥 호기심 때문에 들어왔다고 얘기했었고 또 하나는 대안 치료 얘기를 했었거든요. 어쨌든 심리에 대한 그런 거니까. 막연한 기대였는데 뭔가 이게 구체화되면서 실제로 효과를 얻은 것 같아요. 제가 아까도 말했을 때 "이 모임이 원래 그런 모임 아닌가요?" 이런 식의 얘기를 했었잖아요. 저는 제가 바랐던 것들을 이 모임 할 때마다 충분히 이뤘기 때문에 정서적인 지지, 연대 이런 것들을 실제로 많이 얻어간 것 같습니다.

오알록 제가 이야기했을 때 잘 들어주셔서 정말 좋았고, 애기를 했을 때 평가하지 않고 '우리는 편하게 말하기로 한 모임이다' 하고 약속하고 시작해서 그런지 얘기하고 나면, "삐빅-, 당신은 정상입니다"라고 제 편이 되어주는 것만 같아서 충전되는 느낌을 받았어요. 나중에 우리 얘기가 책으로 어떻게 나올지 약간 기대되는 그런 마음도 있고요. 좀 전에 행동을 이끌어 내는 미션도 말씀해 주셨는데, 준비해 주시는 자료를 "첫째 주 수요일에 공유할 테니 미리 확인해주세요."라는 식으로 공지해 주시면 모임 주제에 대해 좀 더 깊이 고민할 수 있을 것 같아 더 좋을 것 같아요. 실질적인 피드백은 이렇지만, 한편으로는, 책을 읽고 다같이 이야기 나누는 시간이 너무 재밌었기 때문에 늘 서울로 여행오는 것처럼 발걸음이 가벼울 수 있었어요. 마음 충전하고 갑니다.

홍의미　　저는 서밤 님의 팬으로서 되게 기대도 많았고 여기 와서 저도 진짜 많이 충전되는 시간이었던 것 같아요. 뭔가 이런 독서 모임을 해보는 것도 저는 처음이었고, 평소 심리학 쪽 책을 잘 안 읽었는데 이런 책을 읽는 것도 좋았고요. 그리고 다들 항상 따뜻하게 얘기를 들어주시고 서로 이야기를 공유해 주시는 게 너무 좋아서 올 때마다 항상 기대가 되는 것들이 있었어요.

이정화　　저는 올해 여름에 어떤 이별을 겪었고, 그 후에 심리 상담이나 저의 문제들을 다뤄보는 과정에서 이 독서 모임을 동시에 시작하게 됐어요. 어떻게 보면 우리가 읽은 책들의 주제가 인간의 감정이나 외로움과 관련된 것들이잖아요. 심리학 쪽 책들인데 그래서 그런가, 저는 심리 상담 갈 때마다 좀 칭찬을 받는 게, 뭔가 이 책에서 얻는 깨달음들이나 치유가 되는 면들이 있었기 때문인지 제 상담 선생님이 항상 놀라세요. 왜 이렇게 레벨업이 돼서 오냐고. 예를 들면 지난주에도 이 책을 읽고 가니까, 원래도 외로움에 대해서 직면을 잘하는 스타일이었는데 제가 너무 저돌적으로 직면을 잘하니까 제 상담 선생님이 너무 좋아하시는 거예요. 그래서 이 독서 모임이 뭔가 약간 개인적인 치유와도 연관이 된 것이 컸어서 정말 만족도가 높았고요.

사람의 근본적인 감정이나 공감, 외로움에 대해서 직접적으로 들여다볼 수 있는 기회가 되는 독서 모임이어서 좋았던 것 같아요. 제가 전에 전 직장 동료들하고 작은 일회성 독서 모임을 한 번 했었거든요. 그때도 심리학 쪽 도서였는데, 그때는 당연히 직업이 이렇다 보니까 단순히 책 하나만 읽고 오는 게 아니라 그 책의 개념과 관련된 영화를 하나씩 보고 오는 거였어요. 그러니까 뭔가 책만 읽는 게 아니라 다른 예술작품이나 다른 영화라든지 그런 아트랑 관련이 된 것을 같이 보고 난 다음에 그걸 책과 연결 지으면서 어땠는지 얘기를 하는 거였거든요. 영화 모임과 독서 모임이 결합된 형태였는데 그런 것도 굉장히 재밌더라고요. 좀 더 풍부하고, 적용시켜서 생각해 볼 수 있는 기회가 되기도 하고요. 또 영화나 전시회 보니까 더 재밌기도 하고요. 이것도 일종의 과제이긴 한데, 그런 것들과 콜라보해서 모임을 하는 것도 좀 재밌을 것 같아요. 좋은 대화 감사합니다.

손주연 저는 사실 구조화된 틀에서 정해진 답을 찾는 거에 대한 강박이 조금 있어요. 그런데 여기서는 "공감이 뭐라고 생각하세요?" 이런 질문부터 시작해서 서로의 생각과 감정을 알아가면서 모임이 형성되잖아요. 전 그게 재밌었어요. 좀 더 유연하게 다양한 얘기가 오갈 수 있어서 재미있었고, 또 각자가 살면서 생각하고 느꼈던 것들을 나눌 수 있어서 서로에 대해 많이 알게 되어서 좋았어요. 그리고 뭔가를 판단하지 않고, 편안한 환경에서 나눌 수 있어서 좋았습니다.

배현정 저는 올해 여기를 포함해서 책을 매개로 하거나 책과 연관된 모임을 이것저것 했었는데, 여기 모임이 색다르긴 했어요. 책을 4권 읽고 나눈 이야기로 책 한 권을 만든다. 기본적으로는 책을 읽고 대화를 하는 거지만, 생각보다 다양한 주제로 이야기를 나눌 수 있어서 흥미로웠어요. 보통은 책에 대한 이야기만 하다 끝나는데, 여기서는 책 자체를 읽는 것에 목적이 있기보다는, 책을 매개로 다양한 이야기를 나누는 데에 더 중점을 뒀으니까요. 그리고 아까 카페에서 이렇게 걸어오면서 기분이 엄청 좋은 거예요. 복잡하게 생각할 것 없이 재밌구나, 기대되는구나 하면서 웃게 되더라고요. 그런 시간들을 얻어갑니다.

김혜진   저는 이 모임에서 서로 있는 그대로 존중해 준다는 느낌을 받았어요. 그래서인지 이 모임에서 연결감을 얻어간다고 느껴요. 마치 전부터 알고 지내던 사람들처럼 뭔가 챙겨주고 싶은 느낌? 지속적인 연결이 가능할 것 같아요. 우리가 비슷한 영역이어도 연차가 다르거나 살아온 성격이 다르기 때문에, 각자의 개성과 차이를 인지하면서 서로의 장점을 모아보면 할 수 있는 것들이 많다고 생각해요. 각자가 할 수 있는 것들을 해보면 좋겠어요. 저도 제가 할 수 있는 일들을 하겠지만, 거꾸로 제가 이분들에게 배울 게 얼마나 많을까 라는 기대도 있어요.

이미리내   과거에 저도 몇 번 모임에 들어가 봤어요. 아쉽게도 그땐 생각만큼 잘 참여하진 못했었어요. 그래서 스스로 자책하기도 했었는데, 돌이켜보면 그때 다양한 모임을 했었기에, 오늘 제가 이 모임까지 오게 될 수 있었다는 생각이 들더라고요. 그래서 제 자신을 좀 더 긍정적으로 바라볼 수 있게 됐고요. 또 저희 모임이 책을 굳이 읽지 않아도 얘기를 나눌 수 있는 이유가 이런 보편적인 감정에 대해서 얘기를 나누기 때문이라고 생각했어요. 혼자서 독서 감상을 할 땐 그저 그랬는데, 다 같이 대화를 나눌 수 있어서 자신을 이해하는 데 큰 도움을 받았던 것 같아요. 다른 멤버들의 이야기를 들으며, 제가 미처 인지하지 못했던 저의 감정과 생각들을 발견할 수 있었거든요. 그리고 모임 텐션 자체가 그동안 제가 속했던 곳과는 달라서 더욱이 새로운 경험이었어요. 매 회차 때마다 정말 즐거웠어요.

민수경 저도 이런 주제는 진지한 얘기라고 생각하거든요. 가벼운 얘기는 아닌 것 같은데 그러면서도 되게 재미있게 얘기하는 것 같아서 신기했어요. 다른 데서 이야기할 때는 가벼운 이야기를 주로 나누고 나서 모임이 끝나면 아쉬움이 항상 있었는데, 이 모임에선 항상 배우는 게 있고 또 저에 대해서 많이 생각할 수 있는 기회가 됐던 것 같거든요. 함께 읽은 책도 좋았고요. 또 제가 타인의 판단이나 시선, 오해받는 거에 대한 두려움이 있었는데, 여기서는 그게 좀 덜하게 느껴졌어요. 이야기할 때 있는 그대로 받아들여 주시는 느낌이 들어서 따뜻했습니다.

차주원 이 모임에서 읽은 책들이 저한테도 개인적으로 도움이 많이 됐던 것 같아요. 뭔가 좀 막연했던 인간관계에 대한 고민들이나 그런 것들에 대한 해결책이 되는 부분들이 많이 있었고 그래서 오히려 제가 지금 주어진 상황에 좀 더 감사할 수 있게 된 계기가 됐던 것 같아요. 어쨌든 저희가 처음 이 모임의 참가자들을 모집할 때는 인간관계를 주제로 저희가 모인 거잖아요. 모임에서 다양한 배경의 분들의 다양한 얘기를 들으면서 저도 분명히 치유받는 부분이 있었고, 저도 제 얘기를 꺼내놓으면서 나름 정리도 되고 다른 시야에서 바라볼 수 있게 돼서 정말 좋았던 것 같아요. 상담은 아니지만 약간 상담받는 느낌. 저는 지금까지는 학교나 직장이나 이런 데서만 인간관계를 구축해 왔었는데 여기서는 전혀 만날 일이 없었던 다른 직업의 전문인들이라든지 좋은 분들을 만나서 재밌었고 나름 시야가 조금은 넓어지지 않았나 하는 생각도 듭니다. 이 모임에 대한 제언, 앞에서 다 잘해주셔서. (웃음) 저도 충분히 만족합니다.

서밤 저는 이 모임을 통해서 사실 일이라기보다는 관계를 좀 만들어가고 싶었어요. 이번 모임에 오시는 분들이 되게 좋은 분들일 것 같다는 느낌이 들었는데, 실제로 정말 좋은 분들이 오셔서 네 번의 모임 모두 즐겁게 할 수 있었습니다. 그래서 저는 여러분들을 얻어가는 게 가장 큰 수확이라고 생각해요. 더 나은 모임을 위해서 이제 나만 잘하면 된다. 앞으로 출간 이후에도 계속 연락하면서 재밌는 모임들 함께하면서 지냈으면 좋겠어요. 그럼 다들 수고 많으셨습니다. 고생하셨습니다.

생활에 적용하기

외로움에 대처하는 방법

① 외로움을 인정하기

있는 그대로의 외로움을 인정하고 느낀다. 즉각적인 안도감을 찾아 외로움을 회피하지 않는 것이 중요하다. 외로움에서 빨리 벗어나기보다는 외로운 마음 상태를 관찰해보고 그 상태에 몸을 맡겨본다. 외로움을 인정할 때에는 "왜 외로울까?" 보다 "여기서 무엇을 배울 수 있을까?"라고 질문하는 것이 더 좋다.

② 인간의 보편성을 인정하기

외로움이 누구나 느낄 수 있는 보편적인 감정임을 인정하는 것이 중요하다. 인간은 누구나 감정적으로 취약하다는 것을 수용하고 자신의 취약한 모습을 보듬어 줄 수 있어야 한다. 우리 모두는 어느 순간, 어느 정도는 외로움을 느낀다.

③ 연결성을 키우기

남에게 먼저 연락해보거나 새롭게 모임을 만드는 일 또는 낯선 사람과 대화하는 일 등 관계를 맺는 두려움을 인정하고, 새로운 관계 맺음에 도전해 보는 것도 외로움에 대처하는 좋은 방법이다. 봉사활동을 하거나 반려동물을 입양하는 것도 도움이 될 수 있다.

④ 즐거운 일을 하기

내 기분을 좋게 만드는 일들을 의도적으로 해보자. 자신을 돌보는 일에 관심을 기울이는 것도 큰 도움이 된다.

⑤ 커뮤니티를 찾거나 만들기

공통의 관심사, 취미, 가치관을 바탕으로 한 그룹이나 커뮤니티와 연결되는 것도 좋은 방법이다.

⑥ 감사하기

감사하는 마음가짐은 외로움을 극복하는 데 큰 도움이 된다. 이미 내게 있는 관계들에 감사를 느껴보자. 일상에서 작지만 의미 있게 연결되는 순간들에 집중해보는 것도 좋다.

나는 오늘도 손절을 생각한다
심리코치 서밤과 함께하는 잃어버린 관계 찾기

초판 1쇄　2024년 9월 27일 발행

지은이 서늘한여름밤, 김형준, 김혜진, 민수경, 배현정, 손주연, 오알록, 이미리내, 이정화,
　　　이혜진, 차주원, 최새봄, 홍의미
펴낸이 김현종
출판본부장 배소라　**기획편집** 맹준혁　**디자인** 김기현
마케팅 최재희 안형태 김예리　**경영지원** 박정아 신재철

펴낸곳 ㈜메디치미디어
출판등록 2008년 8월 20일 제300-2008-76호
주소 서울특별시 중구 중림로7길 4, 3층
전화 02-735-3308　**팩스** 02-735-3309
이메일 medici@medicimedia.co.kr　**홈페이지** medicimedia.co.kr
페이스북 medicimedia　**인스타그램** medicimedia

ⓒ 서늘한여름밤, 김형준, 김혜진, 민수경, 배현정, 손주연, 오알록, 이미리내, 이정화,
　　이혜진, 차주원, 최새봄, 홍의미, 2024
ISBN 979-11-5706-372-7 (03180)

이 책에 실린 글과 이미지의 무단 전재·복제를 금합니다.
이 책 내용의 전부 또는 일부를 재사용하려면 반드시 출판사의 동의를 받아야 합니다.
파본은 구입처에서 교환해드립니다.